JN409800

40 주간용

기독교 핵심교리를 영성훈련과 함께

패러다임 성경공부

- 기독교 교리 공부
- 구역공과 교재
- 영적 감수성 훈련

지문당

◆◆◆ 머 리 말 ◆◆◆

● 패러다임 성경공부가 필요한 이유

미국에서 10년을 생활하고 온 어느 여성이 있었습니다. 오랜만에 한국에 돌아와서 친구들과 함께 쇼핑을 하고 있는데 갑작스럽게 미국 남성이 다가와 무언가를 묻기 시작했습니다. 친구들은 당연히 이 여성이 영어에 능통하여 질문에 쉽게 대답할 것이라고 생각했습니다만, 그것은 기대에 불과하였고 이 여성은 땀을 뻘뻘 흘리며 미국인이 뭐라고 하는지를 알아차리지 못하더라는 것입니다. 친구들 앞에서 망신을 톡톡히 당한 이 여성은 그제서야 영어학원에 다니면서 열심히 영어를 익히기 시작했다고 합니다.

이야긴즉슨, 미국생활을 오래했더라도 여전히 영어는 0점짜리일 수 있다는 것입니다. 마찬가지로 교회에 오래 다녔지만 기독교의 교리나 예수 그리스도에 대해 알지 못하는 사람들이 많습니다. 믿음은 배우고 행하려는 각고의 노력이 없이는 자라나지 않습니다.

또한 기독교에 대해 본인은 많이 알고 있다고 생각하지만 정작 믿음의 본질이나 예수의 정신에 대해서는 전혀 알지 못하는 사람들이 많습니다. 예수님 당시 바리새인들과 서기관들이 그러했습니다. 그들은 예수께로부터 많은 책망을 받았습니다. 지식은 가지고 있고 열심은 있지만 잘못 알고 있었기 때문입니다. 또한 지식만으로는 결코 올바른 신앙인으로 성장할 수 없습니다. 지식을 수용하고 적용하는 의식과 태도가 더욱 중요합니다.

이것이 바로 패러다임 성경공부가 필요한 이유입니다. 기독교에 대해 알고 있다고 하지만 정작 신앙인으로서 알아야 할 지식이 부족한 경우나, 많은 지식을 가지고 있어도 그것이 종교현상에 대해 비판하고 판단하는 자료에 그칠 뿐 자신의 삶을 일신할 수 있는 능력을 갖추거나 타인에게 제공하지 못하는 경우가 비일비재하다는 것이 문제입니다. 또한 성경에 대한 일방적이거나 편파적인 해석은 많은 지식을 무익하게 만들어 버리기도 합니다.

마태복음 23장에는 서기관들과 바리새인들에 대한 예수님의 일곱 번의 화 선언이 나옵니다. 여기에 대해 김영봉 교수는 "화 있을진저"라는 그리스어가 "얼마나 큰 고난을 겪게 될지" 혹은 "얼마나 끔찍한 고난이 닥쳐올지"라고 번역하는 것이 맞다고 해석합니다. 그렇다면 이 말씀은 예수님께서 서기관들과 바리새인들에게 저주를 선언하는 것이 아니라 그들에게 닥쳐올 미래를 보시면서 탄식하고 계신 것입니다. 곧 이 말씀을 어떻게 해석하느냐에 따라 우리는 비난의 영성에 가까이 갈 수도 있고 긍휼의 영성에 가까이 갈 수도 있는 것입니다. 이처럼 패러다임 성경공부는 기존 교리나 성경말씀에 정통신학에 기초하면서도 가능한 한 새로운 관점과 신선한 시각을 제공하려고 합니다.

● 믿음은 생각과 존재 양식의 대전환입니다. 패러다임 공부는 기독교 교리 공부인 동시에 영성훈련 프로그램입니다.

믿음이란 무엇이며 특히 예수께서 가지기를 원하셨던 믿음은 무엇이겠습니까? 더러 믿음이 크다, 작다는 얘기를 하는데 믿음이 크다는 것은 과연 어떤 의미일까요? 대부분 교회생활에 열성적인 사람들을 믿음이 좋다, 혹은 크다고 하지만 그런 판단이 꼭 들어맞는 것은 아닙니다. 교회생활에 열심을 내는 사람들 가운데도 믿음이 작은 사람들이 있을 수 있습니다. 바리새인들과 서기관들은 신앙생활에 열성적이었지만 예수께서는 그들을 믿음이 크다거나 좋다고 말씀하시지 않았습니다. 믿음을 가진다는 것은 예수를 으뜸으로 하여 자신의 생각과 존재 양식의 패러다임을 바꾸는 것을 의미합니다. 이를테면 다음의 세 가지 패러다임을 소개하여 보겠습니다.

1. Have Do Be Paradigm

보통 세상사람들이 따르는 패러다임입니다. 세상적 성공을 위해 학벌이나 재물을 소유함으로써 사회적으로 어떤 역할을 하게 되고 결과적으로 어떤 존재로 인정받는다는 것입니다. 이런 패러다임을 가지고 사람들은 저마다 소유에 집착하는 삶을 살아갑니다. 성공자로 인정받기 위한 이러한 노력은 많은 갈등과 다툼을 야기합니다.

2. Do Have Be Paradigm

중세 카톨릭이 성도들에게 면죄부를 사도록 권고했을 때의 패러다임입니다. 먼저 하나님이 기뻐하시도록 어떤 일에 투자하고 헌신함으로써 천국을 소유하게 되고 결과적으로 하나님 나라의 백성이 된다는 것입니다. 이러한 패러다임은 교인들이 마치 행함으로 구원을 얻는 것처럼 생각하게 만들고 기독교 신앙을 왜곡시킬 수가 있습니다.

3. Be Have Do Paradigm

그러나 예수께서는 우리가 먼저 회개하고, 예수를 믿음으로써 하나님의 백성이 되어야 한다고 가르치셨습니다. 성경은 믿음으로 의롭게 되는 것이지 소유나 행함으로 되는 것이 아니라고 말씀합니다. 먼저 어떤 존재가 되는 것이 중요합니다. 어린아이가 가정에서 사랑을 받는 까닭은 그가 자녀이기 때문입니다. 성경은 "영접하는 자 곧 그 이름을 믿는 자들에게는 하나님의 자녀가 되는 권세를 주셨다(요 1:12)"라고 말씀합니다. 장미꽃은 '장미'라는 존재이기 때문에 어떤 상황에 관계없이 장미꽃을 피웁니다. 그리스도인도 예수를 믿음으로 '하나님의 자녀'라는 존재로 변화되면 언제든지 자녀로서의 열매를 맺게 되는 것입니다. 그러므로 자신을 어떠한 존재(Being)로 인식하느냐가 중요한 것입니다. 하나님 앞에서 새로운 존재가 되는 것은 믿음으로 예수를 영접하고 하나님의 주권을 인정함으로써 가능합니다.

☞ 이상에서 살펴본 바에 의하면 결국 우리가 어떤 패러다임을 갖느냐가 중요한 것이고 예수께서는 무엇보다 우리의 믿음과 가치관의 패러다임을 바꾸시려고 하셨다는 것을 알 수 있습니다. 기독교의 교리나 성경말씀을 새로운 각도에서 해석하면 전혀 다른 태도와 관점을 가지고 살아갈 수가 있습니다.

◆◆◆ 목 차 ◆◆◆

◆◆◆ 세계의 찬송 목차 ◆◆◆

◆◆◆ 패러다임 공부의 특징 및 사용법 ◆◆◆

1. 패러다임 성경공부는 우선 기독교의 정통 교리를 더욱 공고화하는 데 역점을 둡니다. 하나님, 죄, 구원, 믿음, 교회, 선교 등의 주제들이 그것입니다. 그러므로 공부를 마치고 나면 기독교 신앙 및 교리와 타종교의 그것과의 차이를 분명히 이해하게 되고 기독교의 독특하고 유일한 신앙체계에 대한 깊은 이해를 갖게 될 것입니다.

2. 동시에 패러다임 성경공부는 기존에 알고 있던 기독교 교리와 성경 말씀에 대한 새로운 해석 및 신선한 관점을 많이 제공할 것입니다. 기존에 알고 있던 교리와 완전히 다른 것은 아니지만 더욱 새롭고 깊은 통찰을 제시할 것입니다.

3. 패러다임 성경공부는 단순한 지식만을 추구하지 않습니다. 다양한 워크숍과 공동체 훈련, 영적 감수성 훈련, 토론을 통하여 팀원들이 새로운 경험을 제공받고 신앙의 의미를 발견하게 도와줄 것입니다. 그러므로 새롭고 신선한 경험을 통해 배움에 대한 지속적 호기심을 불러일으키고 교회 공동체와 성도생활의 소중함에 대한 자각을 일깨워줄 것입니다.

4. 음악은 만국 공통어입니다. 예배에서 음악은 필수 불가결한 요소일 뿐만 아니라 중심적 역할을 수행합니다. 그러나 오늘날 한국교회의 예배음악은 너무나 서구 일변도이고 근래에는 CCM이 예배음악의 중심을 점령해 버리고 말았습니다. 기독교 음악에는 오래된 예전 음

악의 소중한 전통이 있는 동시에, 서구뿐만 아니라 아시아 · 아프리카 · 남미 등의 예배음악이 각각 독특한 위치를 차지하고 있습니다. 매주 이런 찬송을 접해봄으로써 전세계 교회의 일원으로서의 자신의 위치를 확인하고 교회 일치에 대한 성령님의 소원을 간직하게 될 것입니다.

5. 패러다임의 각 과는 각각 10분씩의 예배찬송 습득시간과 tea-time을 포함하여 두 시간씩 진행하도록 구성되어 있습니다. 한 번에 두 시간씩 진행할 수 있는 그룹에서는 20주 만에 공부를 끝낼 수도 있을 것입니다만, 구역공과용으로 혹은 한 주에 50분 정도의 공과를 진행하고자 하는 팀은 한 과를 두 주씩 나누어 40주를 진행하는 것이 좋을 것입니다. 또한 30분씩 3등분하여 진행할 수도 있습니다.

☞ 패러다임을 바꾼다는 것은 하루아침에 가능한 일이 아닙니다. "그런즉 누구든지 그리스도 예수 안에 있으면 새로운 피조물이라 이전 것은 지나갔으니 보라 새 것이 되었도다(고후 5:17)"는 말씀은 우리의 정서, 생각, 의지가 그리스도를 주로 시인한다는 것을 의미합니다. 그것은 낡은 것을 낡은 것으로 인식하고 버리는 동시에 새것과 좋은 것을 가져오시는 그리스도에 대한 전적인 신뢰를 통해서만 가능합니다. 패러다임 성경공부는 이같이 최선의 새로운 패러다임을 제공하여 줄 것입니다.

Lesson

1 ~ 20

Lesson 1
오리엔테이션

요 절 (고후 5:17) 찬 송: 하늘에 계신 우리 아버지(서인도)

"그런즉 그리스도 안에 있으면 새로운 피조물이라 이전 것은 지나갔으니 보라 새것(패러다임)이 되었도다"

Part 1 - 그룹 만들기 및 자기 소개

● 들어가면서

(그룹원들을 눈을 감게 하고 은은한 음악과 함께 멘트를 들려줍니다.)

패러다임 성경공부에 나오신 여러분, 지금부터 우리는 20주(혹은 40주)의 여행을 떠나려고 합니다.

지금 항구에는 '패러다임'이라는 큰 배가 우리를 싣고 떠나기 위해 정착해 있습니다.

하늘은 맑게 개고 항구에는 형형색색의 꽃들이 만발하고 갈매기들이 하늘을 날아다니고 있습니다. 선착장에는 우리를 환송하기 위해 나와 있는 친우들과 가족들, 성도들도 보입니다. 우리는 이 여행을 통해 우리의 생각과 경험으로 이미 알고 있는 것에서 훨씬 나아가 더 깊은 곳에 다다르고 더 높은 곳에 머무르면서 믿음의 증거들을 얻게 될 것입니다.

배 입구에는 승무원들이 정장을 차려입고 입구에 서 있습니다. 선장은 성령님이십니다.

일등항해사와 이등항해사도 보이고 갑판장도 보이는군요. 그리고 여행기간 동안 맛있는 음식을 제공해 줄 조리사와 여러분의 건강을 책임지고 돌봐 줄 간호사, 그리고 믿음직한 선원들이 보입니다. 그러나 그뿐만이 아닙니다.

마음의 눈을 열어 하늘을 올려다보십시오.

수많은 믿음의 선진들과 예언자들과 사도들과 종교개혁자들과 순교자들의 무리가 보이십니까?

네? 저분들도 같이 가느냐고요? 물론이지요. 저분들은 항해하는 동안 모두 친절하게 여러분을 도우며 자신들도 여행을 즐기게 될 것입니다.

우리는 이 배를 타고 여러 곳을 둘러볼 것입니다.

역사 속에 나타난 교회를 탐방하며 신앙고백의 유형들을 만나게 될 것입니다. 우리는 함께 기독교 공동체의 삶과 예배를 순례자의 눈길로 바라보고 또 우리가 사는 곳에서의 교회의 가능성을 생각해 볼 것입니다. 여러 교회와 성도들을 만나며 교회와 선교의 본질을 생각해 보고 예수 그리스도께서 원하셨던 교회가 어떤 것이었을까를 깊이 생각하게 될 것입니다.

그리하여 초기 그리스도교와 현대의 교회에서 선교는 과연 동일하게 이루어지고 있는지, 현대 교회의 비성경적이고 이질적 요소들은 무엇인지를 비교해 볼 것입니다.

우리 모두는 기꺼이 배울 것이고 또 내려놓기도 주저하지 않을 것입니다.

함께 배우면서 '천국은 너희 안에 있다'고 하신 그리스도의 말씀을 새로운 깨달음으로 체험하게 될 것을 소망합니다.

자, 그러면 부디 좋은 여행이 되길 바라면서.

Welcome aboard! 여러분을 환영하면서 이제 출발합니다.

● **공동작업(구역공과용으로 진행할 경우, 1항은 제외합니다.)**

1. 팀 이름 붙이기(한 강의실에서 여러 그룹이 함께 공부하는 경우)

가. 팀원이 좋아하는 성경 인물을 각자 써냅니다.
(한 개의 상자에 담습니다.)

나. 팀원이 갖기를 원하는 보물 및 은사, 희망을 써냅니다.
(또 다른 상자에 담습니다.)

다. 팀원이 나와서 두 개의 상자에서 하나씩 제비뽑기를 합니다.

라. 결과: '다윗의 여행', '솔로몬의 방언', '요한의 다이아몬드' 등의 이름을 붙입니다.

2. 신상명세서를 작성하고 강의 일정을 소개합니다.

3. 내가 이 성경공부에서 기대하는 것은? (   )

가. 하나님과 예수 그리스도에 대해 더 잘 알고 싶습니다.

나. 개인적인 염려와 고민을 함께 나누고 유대관계를 쌓고 싶습니다.

다. 영적 생활의 기초를 쌓아가고 싶습니다.

라. 한층 성숙된 그리스도인이 되고 싶습니다.

마. 교회 안에서 적절한 활동영역을 찾고 싶습니다.

바. 성경과 교리적인 의문을 풀어가고 싶습니다.

사. 정서적 상처, 갈등의 문제를 해결하고 싶습니다.

아. 교회와 선교의 현대적 의미를 발견하고 싶습니다.

자. 인생의 영원한 목적을 찾고 싶습니다.

● **들어가기**

성경공부를 시작하면서 갖는 기대와 팀원에게 하고 싶은 말을 토론

후에 발표합니다. 우리가 예수를 믿고 도대체 뭐가 새로워졌습니까? 몸이 바뀌었습니까? 상황이 바뀌었습니까? 기질이 바뀌었습니까? 세상이 바뀌었습니까? 삶이 안전해졌습니까? 그런 것은 쉽게 바뀌지 않습니다. 그러나 패러다임이 바뀐다면? 세상을 바라보는 시각이 달라지고 삶의 목적을 새롭게 깨닫는다면 우리의 삶은 달라질 것입니다. 그렇다면 패러다임이란 무엇이며 그것이 바뀌면 어떤 일이 가능할까요?

● **패러다임이란 ______________________________ 입니다.**

☞ 패러다임(paradigm)이란 용어는 그리스어의 'paradigma'에서 온 말인데 실재의 어떤 측면을 이해하고 설명하는 데 필요한 패턴, 혹은 지도라는 뜻입니다.[1] 업무수행의 획기적 도약과 기술의 혁명적 진보를 이루기 위해서는 반드시 새로운 지도, 새로운 패러다임, 세상에 대한 새로운 사고방식 및 관점이 필요합니다.

※ paradigm shift : 이를테면 자동차의 기어를 바꾸면 속도와 방향도 달라집니다.

● **패러다임을 어떻게 하면 바꿀 수 있겠습니까?**

기독교 상담가이며 리더십 연구가인 존 맥스웰은 'Developing the leader within you(당신 안에 잠재된 리더십을 키워라)'에서 사람이 바뀔 수 있는 몇 가지 경우에 대해서 설명합니다.

1. 변할 수 밖에 없는 불가피한 상황(손해, 질병, 직책)

---

1 스티븐 코비의 '원칙중심의 리더십'에서

2. 진리를 깨달음(전쟁으로 말하면 적군을 궤멸시킬 정도[2])

과학적, 의학적, 신학적 진리

3. 상상을 초월한 사랑과 관심을 경험함

※ 이 같은 예는 사람이 그만큼 패러다임을 바꾼다는 것이 쉽지 않음을 말해 주는 동시에 패러다임을 바꾸는 일은 대단한 일임을 밝혀 주고 있습니다.

● 예수께서는 패러다임을 바꾸고자 하셨습니다.

곧 사람의 판단과 행동의 준거가 되는 세계관, 우주관, 사생관, 물질관, 가치관, 직업관을 바꾸고자 하셨습니다. 그러기 위해서는 다음과 같은 것이 필요합니다.

1. 발상의 전환이 필요합니다.

하나님의 자녀로서 세상을 바라보아야 합니다. 예수께서는 하늘에 속한 분으로 하나님의 진정한 아들로서 세상을 보셨습니다.

2. 성경 및 교리의 재해석 및 새로운 발견이 필요합니다.

예수께서는 '안식일은 사람을 위해서 있다(막 2:27)'고 말씀하셨습니다. 하나님을 위한다지만 인간을 도외시했던 바리새인들에게는 충격적인 선언이었지만 우리에게는 하나님의 참 사랑을 깨닫게 해주시는 말씀이 아닐 수 없습니다.

---

2 주자의 독서법 참조("적의 주력이 궤멸되어야만 전쟁이 끝난다"). 그 정도로 어느 때 몇 날 며칠 먹지고 자지도 않고 내 안에 진리를 깨닫고 무릎을 치고 각성하는 일이 일어나야 한다는 것이다.

3. 삶의 새로운 의미와 사명을 발견해야 합니다.

평범한 삶은 없습니다. "복음이 지루한 것이 아니라 전하는 자가 지루합니다." — 팀으로 이끄는 교회(웨인 코디로)

4. 공동체 훈련을 통해 체질을 바꾸어 가야 합니다.

군사는 훈련이 필요합니다. 마찬가지로 그리스도인도 지식만으로 되지 않습니다. 지식도 양심도 훈련되지 않으면 능력을 발휘할 수 없습니다.

5. 하나님 나라를 기다리는 깨어 있는 신앙을 가져야 합니다.

항상 주님의 강림과 주의 나라를 기다리는 자세로 살아가는 것이 바른 신앙태도입니다. 또한 하나님의 나라는 먼 미래의 일만은 아닙니다. 주님의 진리를 이해하고 그분의 통치를 받아들이는 곳에 하나님의 나라가 임합니다.

● 결 론

예수께서는 세상의 환경을 바꾸려고 하시기보다는 우리의 생각의 근간과 구조를 바꾸려고 하셨습니다. 사람의 생각의 틀을 바꾸는 것은 매우 중요합니다. 생각이 그 사람입니다. 생각이 바뀌지 않으면 아무리 외부조건을 바꾸어도 근본적 변화는 불가능합니다. 그리스도인다운 생각, 그리스도인다운 가치관이란 무엇일까를 깊이 생각해야 합니다.

● 나눔의 시간

보통 사람들이 세계를 보는 관점과 그리스도인이 세계를 보는 관점은 어떻게 다를까요?

Part 2 - 패러다임의 변화가 가져오는 것

● **성경봉독, 찬송, 기도(성경과 찬송은 각 과의 첫 번째 part의 것을 반복합니다.)**

● **'패러다임 성경공부'가 추구하는 것**

1. 하나님의 창조 세계를 긍정함(적대감의 극복)

____ (시 8:1)

교회는 하나님 나라를 확장한다는 영토적 개념이 아니라 세상이 이미 하나님께 속해 있음을 선포하고 하나님의 세계를 긍정해야 합니다.

2. 삶의 다양성과 가치를 재발견함(상대주의의 탈피)

____ (마 10:29-30)

하나님은 우리의 삶을 다양하게 만드셨습니다. 사람들은 주로 계급이나 재물, 영예 등으로 순위를 매기고 성공의 유무를 따지지만 하나님은 이루 말할 수 없는 다양한 형태의 삶과 축복을 계획하고 계십니다.

3. 복음의 은밀성과 역동성을 깨달음(물량주의 타파)

____ (눅 13:18-19)

복음의 역사는 질적인 것입니다. 복음과 복음의 영향은 사람의 판단이나 계산으로 쉽게 포착되는 것이 아닙니다. 그리고 복음은 말로만 임하는 것이 아닙니다. 질적으로 변화된 인간이 되게 만드는 것입니다. 스스로 '오른손이 하는 것을 왼손이 모르게 할 수' 있는 사람이 되는 것입니다.

4. 하나님 나라의 본질을 깨달음(하나님의 주권을 인정함)

____ (마 18:3)

하나님의 나라는 눈에 보이는 것이 아닙니다. 하나님의 통치를 받는 것이며 그 결과로서 정의가 이루어지고 평화를 누리는 것입니다.

5. '하나님 선교'에서 선교의 주체가 됨(성직자 중심주의와 교세주의 탈피)

____ (빌 4:8)

하나님 나라는 우리 가운데 와 있으며 우리가 살아야 할 현재입니다. 그러므로 삶으로 표현하고 전해야 합니다.

● 패러다임이 바뀌면 어떤 일이 가능하겠습니까?

1. 하나님과의 관계가 더욱 가까워집니다. (친밀)

창조주요 구원주이신 하나님은 멀리 계시지 않습니다. 창조의 세계 속에서, 말씀 안에서, 성령의 임재 가운데에서, 기도와 찬양 가운데에 가까이 계심을 알게 됩니다.

2. 세상을 이길 수 있는 능력을 갖게 됩니다. (능력)

분석심리학자 칼 융은 신경증에 대해 말하기를 '신경증이 생겨 문제가 생기는 것이 아니라 문제가 생겨서 신경증이 나타나는 것이다'라는 새로운 관점 및 접근방법을 제시했습니다. 이를 적용해 보면 "문제가 생겨서 하나님과 멀어지고 죄가 생기는 것이 아니라 하나님과 거리가 멀어졌기 때문에 죄가 생기는 것"입니다.

3. 교회와 삶, 인간에 대한 열정이 살아납니다. (열정)

"하나님이 세상을 이처럼 사랑하셨듯이(요 3:16)" 우리가 사랑할 대상은 인간이며, 하나님의 구원사를 감당하는 곳이 교회입니다.

4. 헌신적인 청지기의 자세로 사명을 감당하게 됩니다. (책임)

삶에 대한 자세와 영혼구원에 대한 사명에 대한 자각이 일어납니다. 책임이 없다는 것은 관계가 없다는 것입니다.

5. 하나님 나라의 즐거움과 복을 누리게 됩니다. (기쁨)

하늘나라는 우리 가운데, 주의 통치를 축하하고 기뻐하는 사람들 속에 있음을 알게 됩니다.

● 결 론

믿음을 가진다는 것은 곧 세상을 바라보는 관점과 태도를 바꾸는 것입니다. 지식과 기대만으로 변화는 이루어지지 않습니다. 삶과 세상을 인식하고 대응하는 패러다임을 바꿀 때 자신의 삶이 바뀌며, 패러다임의 변화는 곧 인격과 정서의 변화까지 가져오게 될 것입니다.

● 나눔의 시간

세상의 마지막에 대해서 보통 사람들의 생각과 그리스도인의 생각은 어떻게 다릅니까?

Lesson 2
하나님은 살아계신가?

요 절 (출 3:14)　　　　　　찬 송: 도우소서 우리가 주님을 닮도록(자메이카)

"하나님이 모세에게 이르시되 나는 스스로 있는 자이니라 또 이르시되 너는 이스라엘 자손에게 이같이 이르기를 스스로 있는 자가 나를 너희에게 보내셨다 하라"

Part 3 - 하나님 인식의 가능성

● 들어가기 - 그룹작업

여러분들이 교회의 담임목사로 왔으면 좋겠다고 생각하는 성경 인물이나 실제 인물을 정하시고 이유를 말해보십시오. 예수님은 하나님의 임재를 느끼게 해주셨고 "나를 본 자는 아버지를 보았다(요 14:9)"고 말씀하셨습니다.

내가 원하는 우리 교회의 담임목사	담임목사 청빙의 이유

가장 훌륭한 교회나 담임목사는 우리가 살아가는 세상이 하나님과 무관하지 않으며 하나님은 우리를 사랑하시며 가까이 계시다는 것을 깨닫게 해주는 교회(담임목사)가 아닐까요? 사실 현실 속에서 하나님

의 임재를 체험하는 것은 결코 쉬운 일이 아닙니다.

하나님이 살아계시다면 내가 지금 인식할 수 있어야 한다고 말하는 사람들이 있습니다. 그러나 사람이 가지고 있는 인식의 능력은 완전하지 않습니다. 인식의 능력은 점점 계발되어야 하는 것입니다. 실제로 인간의 인식능력은 날로 향상되고 있습니다. 과거와는 비교할 수 없을 정도로 지금은 많은 외적인 도움을 받아 더 많은 것을 새롭게 인식할 수 있게 되었습니다. 그 대표적인 것이 인공위성이나 망원경, 내시경과 같은 과학적 · 의학적 도구와 심리학적 · 인문학적 도움 같은 것들입니다. 그러므로 지금은 인식하지 못하는 것을 장래에는 인식할 수도 있습니다. 모세도 하나님을 만나기 전까지 그랬습니다. 또한 예수님께서는 말씀을 듣고 행하는 자가 하나님을 더 잘 알 수 있다고 하셨습니다. 종교개혁자 존 칼빈은 '기독교의 역사는 눈과 귀의 대결의 역사'라고 하였습니다. 마음의 눈을 떠야만 합니다.

● 그룹토의[1]

1. 하나님이 계시지 않는다면 어떤 일이 일어날까?[2]

2. 하나님이 계신다면 어떻게 알 수 있을까?[3]

3. 하나님이 계시다면 어떻게 해야 할까?(마 22:37)[4]

---

1 하나님이 살아계시지 않다면 공정한 심판도 기대할 수 없으며 꼭 실현되어야 할 정의도, 죄의 용서도 천국의 소망도 절대적 윤리도 없다.

2 무책임, 무질서의 증가

3 하나님의 도우심이 없으면 하나님을 알 수가 없다. 이것을 '계시'라고 한다. 최고의 계시는 예수 그리스도이다.

4 마음과 목숨과 뜻을 다하여 그 분을 사랑해야 한다.

● 신 인식의 접근 방법

1. 경험론적인 방법[5]

2. 관념론적인 방법[6]

3. 성서적, 기독론적인 방법

● 하나님이 스스로 존재하신다는 것의 의미는 무엇입니까?

다음이 말하는 의미를 적어봅시다.

1. 초월성(사 44:6):

2. 완전성(시 121:4):

3. 거룩성(사 6:5):

4. 자족성(출 3:14):

5. 전지성(시 139:2):

● 결 론

하나님을 인식하는 데 특별히 완전한 방법은 없습니다. 경험론도 관

5 인식의 근거를 경험에 두는 인식론의 입장. 경험의 해석 차이에서 유물론적 인식론과 관념론적 인식론으로 나누어진다.

6 객관적 관념론은 세계의 근원을 초자연적, 인간정신 이상의 정신적인 것에서 찾아야 한다는 입장으로 플라톤의 이데아론이 대표적이다. 주관적 관념론은 인간의 의식으로부터 독립하여 존재하는 객관세계를 인정하지 않고 인간의 의식에 포착되는 한에서만 그 존재를 인정한다는 입장이다.

념론도 다 한계를 가지고 있습니다. 하나님은 인간의 인식능력을 뛰어 넘어서 활동하시며 자신을 필요할 때 계시하시는 분이기 때문입니다. 만일 하나님이 우리의 인식능력에 포착되지 않아 하나님을 믿을 수 없다고 한다면, 하나님이 살아계시지 않든지 하나님이 살아계시긴 하지만 우리가 생각하는 방법대로 존재하지 않으시든지 둘 중의 하나일 것입니다. 그러나 우리의 인식능력을 절대화할 수 없다는 것을 인정해야 하며 하나님이 살아계시다는 증거들이 많다는 것도 인정해야 합니다.

● 나눔의 시간

하나님이 살아계신지를 모르겠다거나 증명해 보라는 사람들에게 우리는 어떻게 해야 할까요?

Part 4 - 하나님 실재의 증거들

● **성경봉독, 찬송, 기도**

● **실재하시는 하나님에 대한 증거들**

1. 창조 세계가 증거하며 나의 삶이 증거합니다.

만일 우리의 몸이나 인생이 내 것이라고 주장하려면 다음의 사항을 충족하여야 합니다.

가. 내가 애초부터 계획했어야 합니다.

나. 내가 완전하게 컨트롤할 수 있어야 합니다.

우리가 무엇을 인식할 수 있는 대표적인 방법들이 있는데, 첫째는 지식이고, 둘째는 경험이며, 셋째는 외부의 도움을 통한 것으로서 기독교에서는 계시를 말합니다. 생명, 구원, 계시를 통하지 않고는 절대로 온전히 인식할 수 없는 분이 하나님이십니다. 그리고 계시의 극치는 예수 그리스도입니다.

다. 내가 충분한 가격을 치렀어야 합니다.

위의 세 가지를 충족시키지 못하므로 아무도 인생을 자기의 것이라고 주장하지 못합니다.

2. 깨달은 자의 증거

과거에도 현재에도 하나님의 임재나 초월적 세계를 체험했다는 많은 사람들이 있습니다.[7]

---

7 로망롤랑은 16세 때 스위스 페르너에서 신적인 실재를 느꼈고, 아놀드 토인비도 25살 때에 위로

3. 성경의 증거

성경에는 하나님의 약속과 성취의 말씀들이 기록되어 있습니다.

4. 역사의 증거

역사는 정의와 선을 추구합니다. 그러나 역사는 인간의 불완전성과 죄의 해결과 역사의 필연이 무엇인가를 밝혀야 하는 과제를 남겨 놓습니다. 악인들(히틀러, 일본제국주의 등등)의 범죄가 다 밝혀지지 않았으며, 가혹한 현실에서도 선을 행한 사람들에 대한 보상은 충분하지 않습니다. 그러므로 완전하시고 거룩하신 분의 최종판단을 기다립니다.[8] 정의와 선은 하나님의 본성입니다.

5. 인간성의 증거

오직 사람만이 영원을 지향하고 불멸을 지향하며 완전을 지향하는 존재입니다.

● 기독교(성경)의 하나님은?

1. 말씀하시는 하나님이십니다.

____ (출 3:14)

부터의 계시를 체험했다. 그 이후로 세상은 그가 이전에 생각하던 세상이 아님을 깨달았다고 한다. (노자, '빛으로 쓴 얼의 노래', 유영모 저)

8 임마누엘 칸트는 "공의로운 심판을 위해서라도 하나님은 반드시 살아계셔야 한다"고 했다고 한다.

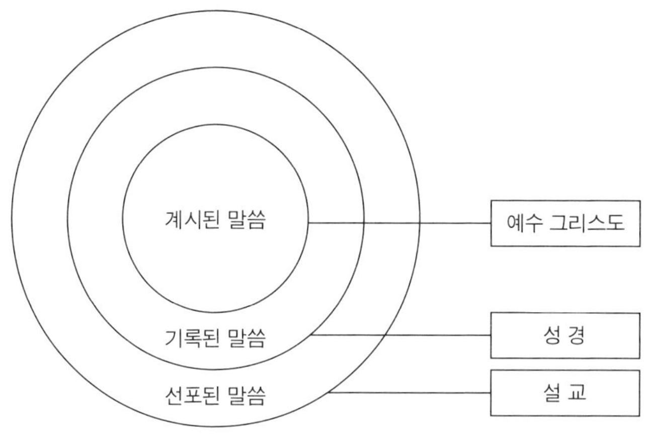

〈말씀하시는 하나님〉

마르틴 루터는 "성경은 예수 그리스도가 누워 있는 요람이다"라고 했습니다. 요람이 곧 예수는 아닙니다. 성경에서 예수를 만나야 합니다. 성경이 문자 그대로 능력이 있다고 줄줄 외우는 것이 바람직한 것이 아니라 거기서 예수 그리스도와 살아계신 하나님을 만날 수 있어야 합니다.

☞ 성경의 하나님과 말씀에 대해 의문을 가지는 분들께

성경에는 이스라엘의 역사가 있고("그들이 했다"), 하나님의 명령이("그대로 하라") 섞여 있습니다. 우리는 신약의 하나님과 구약의 하나님이 너무 다르다고 느껴질 때가 있습니다. 거기에는 이스라엘의 역사적 사건과 그들의 고백, 그리고 직접적인 하나님의 말씀이 혼재되어 있기 때문입니다. 이를테면 아브라함이 후처를 두었으니 모든 사람들이 따라하라는 것은 아닙니다. 성경의 기록은 그리스도를 통해 완전히 새롭게 해석될 수 있습니다. 새로운 계시의 주장도 모두 그리스도를 통해서 검증되어야 합니다. 성령은 그리스도와 다른 계시를 나타내지 않습니다. 역사적으로 그리스도의 사역과 가르침과 다른 계시는 모두 잘못된 것으로 드러났습니다.

2. 인격이신 하나님이십니다.

요한사도는 하나님의 인격을 어떻게 증거하고 있습니까?

____ (요일 4:9)

3. 행동하시는 하나님이십니다.

사도바울은 구원을 위한 하나님의 행동을 무어라고 표현합니까?

____ (롬 6:23)

● 하나님이 살아계시다고 믿은 모세의 패러다임 구조(히 11:24-26)

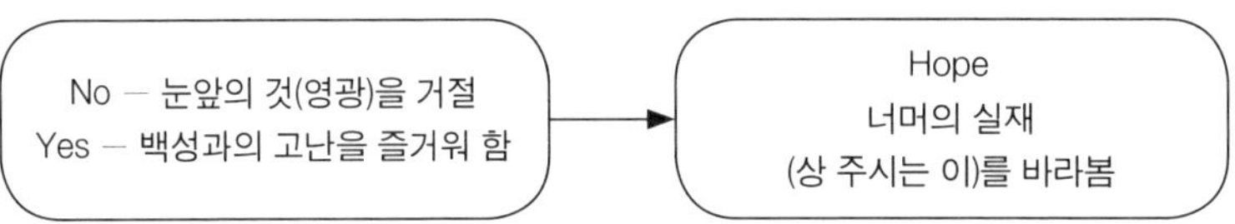

※ 현실에서 Yes와 No가 분명한 선택을 함으로써 Hope(희망)를 선택하고 이룰 수 있다. 그것이 믿음이다. 믿음은 분명한 예스와 노를 통하여 희망을 추구한다.

● 나에게 중요한 가치들

○표를 하세요.

미 – 사물이나 사고의 아름다움을 추구 (   )

도전 – 새롭고 특별한 일에 몰입함 (   )

전문성 – 특별한 능력을 추구하여 무언가를 이룸 (   )

경쟁 – 겨루는 스릴을 즐기고 우월성을 나타내 보임 (   )

감정 – 인간 정체성의 따스한 공감대, 격려 등을 경험함 (   )

영향력 – 다른 사람의 태도를 바꾸거나 삶의 스타일을 확립하도록 이끔 (   )

성공 – 자기의 분야에서 최고가 되고 주요한 사람이 됨 (   )

기술 – 고도의 테크닉을 요하는 부문에서 활동함 (   )

지도력 — 조직을 구축하고 관리하며 이끄는 능력 (   )

안정 — 시간의 여유가 있고 압력이나 변화가 많지 않은 곳에서 생활함 (   )

위치 — 다른 사람들이 신뢰하고 존경하는 지위를 지킴 (   )

사랑 — 공감하고 애정을 나누며 관계를 돈독히 함 (   )

인기 — 많은 사람들의 선망을 받음 (   )

목적 — 인생에서 의미 있는 일을 함 (   )

정의 — 옳은 일을 위해 헌신하고 있다는 자신감 (   )

활력 — 높은 에너지와 열정을 지속적으로 발산할 수 있는 삶 (   )

기타 (   )

자신의 가치와 기독교적인 가치를 비교하여 봅시다.

● 결 론

하나님이 살아계시다는 것을 모세는 계시를 통해서 알았습니다. 우리는 우리의 인식능력이 한계가 있다는 것을 인정해야 합니다. 하나님이 살아계시다는 것을 깨달은 모세에게 성공적인 삶이란 곧 하나님의 뜻을 이루는 일이었습니다. 그의 패러다임은 바뀌었습니다. 우리들은 어떻습니까? 하나님의 뜻을 이루는 것과 삶의 가치는 조화를 이루고 있습니까?

● 나눔의 시간

과학의 발전과 기독교 신앙과 하나님 지식은 어떤 관계가 있을까요?

※ 심층심리학자인 칼 융의 무덤에는 다음과 같은 글이 적혀 있다고 합니다. "사람이 그의 이름을 부르든지 않든지 간에 신은 살아계시다."

Lesson 3

하나님은 무엇을 원하시는가?

요 절 (미가 6:8)　　　　　　　　**찬 송:** 예배하자 삼위가 일체신(스리랑카)

"사람아 주께서 선한 것이 무엇임을 네게 보이셨나니 여호와께서 네게 구하시는 것은 오직 정의를 행하며 인자를 사랑하며 겸손하게 네 하나님과 함께 행하는 것이 아니냐"

Part 5 - 욕망과 하나님의 뜻 사이에서

● 하나님이 계시지 않으신다면 어떤 일이 일어나겠습니까?

삶은 (　　　1.1)의 연속일 뿐이며 정해진 (　　　1.2)이 없으며 무엇보다 인간은 자기 자신을 알 수 없게 됩니다.

● 우리가 믿는 하나님은 어떤 분이십니까?

우리가 믿는 하나님은 (　　　1.3)하시고 (　　　1.4)이시며 (　　　1.5) 하시는 분입니다.

1. 하나님이 말씀이시라는 사실은 우리에게 하나님의 말씀에 대한 경청을 요구하고 대화적 삶을 요청합니다.
2. 하나님이 인격이라는 사실은 우리가 서로를 도구로 이용하는 삶이 아니라 상호적 삶을 살아야 하며 모든 존재에게 인격적인 태도로 대해야 한다는 것을 알게 합니다.

---

1 1. 우연, 2. 목적, 3. 말씀, 4. 인격, 5. 행동

3. 하나님께서 행동하시는 분이라는 사실은 그 행동에 대한 경외와 존중, 순종을 요청합니다.

● 들어가기

요즈음 세상의 주장은 “꿈을 가져라” 그리고 “네 꿈을 펼쳐라”는 것입니다. 사람은 각자의 재능에 따라서 하고 싶은 일을 하면서 살면 된다고 합니다. 그러나 하나님은 특별한 창조의 목적을 가지고 그것을 이루시기 위해 말씀하시고 계획하시고 장려하시는 분이십니다.

● 하나님은 관계적 삶을 요청하십니다. - 역사와 자연과 인간

____ (눅 6:35-36)

현대의 많은 신학자들은 인간이 하나님의 형상을 가졌다는 것을 ‘존재개념’이나 ‘자질개념’이 아니라 ‘관계개념’으로 파악합니다. 아버지나 어머니를 연구하고 객관적으로 조사해서 자료파일을 갖고 있다고 해서 그분들을 안다고 할 수 없고 바람직한 관계를 형성해야 하는 것처럼, 하나님과의 올바른 관계를 가져야 한다는 것입니다.

● ‘하나님’하면 어떤 생각(감정)이 떠오릅니까?[2]

거룩함	멀리 계심	두려움	친근함	자비로움
신비	무관심	기도실	찬양	죄책감

2 신학자 루돌프. 오토는 하나님이라고 할 때 생기는 감정은 주로 ‘두렵고 떨리는 신비의 감정’이나 ‘홀리고 끌리는 듯한 감정’이라고 했다.

☞ 인간이 무언가를 알거나 포착할 수 있는 방법

1. 지식

2. 경험

3. 상상 / 추론

4. 외적 자극 / 영감

5. 신적 계시

※ 다윗은 자기가 경험한 하나님에 대한 지식과 계시를 시편 139편에서 잘 표현하고 있습니다. 우리는 객관적인 하나님의 존재 증거를 찾을 것이 아니라 하나님께서 어떤 분이며 나에게 무엇을 원하시는가에 더욱 집중하여야 합니다. 본문(미가 6:8)에서 하나님은 당신의 뜻을 계시하여 드러내셨습니다. 하나님이 원하시는 것은 "공의와 인자와 겸손히 주님과 동행하는 것"입니다. 우리는 하나님의 말씀을 통해서 그분이 어떤 분인가를 분명히 알게 됩니다. 우리의 신앙생활에 이같은 그분에 대한 지식이 얼마나 반영되고 있는지를 생각해 보아야 합니다.

● 결 론

하나님을 믿는다는 것은 곧 하나님의 뜻이 최선임을 받아들인다는 것입니다. 우리가 욕망하는 것을 멈추고 우주와 자연과 역사 속에서 하나님이 원하시는 것을 고요히 생각하면서 하나님의 선하심을 부르심과 보내심에 자신을 맡기는 것이 진정한 신앙인의 모습입니다. 인간의 욕망은 끝없는 분열과 다툼을 일으키지만 하나님의 뜻 안에서 우리의 소원을 다시 찾게 된다면 불필요한 시기와 다툼을 벗어나 더욱 의미있는 삶을 살게 될 것입니다.

● 나눔의 시간

하나님이 세상을 만드시고 기뻐하신 까닭은 무엇일까요?

Part 6 - 하나님의 소원

● **성경봉독, 기도, 찬송**

● **하나님께서 소원하시는 것들**

1. 하나님은 창조와 질서에 관계된 삶을 원하십니다.

____ (창 1:28)

하나님의 창조는 1회적으로 끝나버리는 것이 아닙니다. 생명현상이란 계속 맥박이 뛰어야 하고 호흡을 유지해야 함과 같이, 우리가 하나님과 사귀면서 지속적으로 그분의 명령을 따를 때 그분의 생명력이 넘치게 되는 것입니다. '야훼'라는 말이 명사로는 '나는 스스로 있는 나다'라는 뜻으로, 동사로는 '나는 스스로 있게 하는 자이다'로 활용되는 것은 깊은 의미가 있습니다.

2. 하나님은 구원에 동참하는 삶을 원하십니다.

____ (막 16:15)

하나님이 아버지로 불려질 때 이것은 "구원의 역사"와 관련되어 있습니다. 우리의 아버지이신 하나님은 자녀된 백성들의 구원에 깊은 관심을 가지고 계신 분이십니다. 어머니와 비유될 때도 마찬가지로 자녀를 잊지 못하는 하나님의 자애로우심이 잘 나타나고 있습니다(사 49:15, 66:13). 구원은 하나님의 역사입니다. 그 역사에 우리가 동참하기를 원하십니다.

3. 하나님은 사랑과 섬김의 삶을 살기를 원하십니다.

____ (마 20:27-28)

예수님께서는 이 땅에 오셔서 죄인들의 구주가 되시고 그들을 섬겨 주셨습니다. 예수를 따른다는 것은 사랑과 섬기는 삶을 살아가는 것을 의미합니다.

4. 고정된 가치기준을 타파하고 사람 위하는 것을 우선순위로 삼으며 안일한 삶만을 추구하는 태도를 버리는 모험적인 자세가 필요합니다.[3]

____ (눅 6:9)

주를 믿고 따를 때 꼭 기적이 나타나는 것은 아니지만 새로운 삶이 가능하다는 것을 믿고 행해야 하며, 주님의 마음을 드러내는 일에 적극적이어야 합니다.

5. 우리에게 필요한 것은 하나님과 그의 하시는 일에 대한 개방성이며 순종적 자세입니다.

____ (마 5:3)

예수께서 말씀하신 가난한 마음이란 무엇입니까? 그것은 곧 자기 스스로를 내세우거나 만족하지 않고 하나님을 신뢰하고 하나님의 인도를 구하는 마음입니다. 이렇게 하나님께 열려진 마음을 가진 사람이 복이 있다고 주님은 말씀하십니다.

3 폴 투르니에는 하나님이 모험적이신 분이며 이렇게 인간을 만드신 것을 보면 그분의 모험적인 면을 알 수가 있다고 했다. (폴 투르니에, '모험으로 사는 인생')

● **다음 서술에 대해 자신의 경향을 쓰십시오.**

(많이 그런 편이다: 3점, 그런 편이다: 2점, 종종 그런 편이다: 1점, 전혀 아니다: 0점)

A Type Test [4]

1. 그가 좋기에 그의 말도 좋다. ( )
2. 그가 싫기에 그의 말도 싫다. ( )
3. 그 사람은 싫지만 그의 말은 옳다. ( )
4. 그 사람은 좋지만 그의 말은 옳지 않다. ( )

B Type Test [5]

1. 절이나 스님을 보면 어쩐지 거부감이 든다. ( )
2. 하나님이 안 계시다는 말을 들으면 불쾌하다. ( )
3. 세상은 온통 타락한 것 같고 싫다는 느낌이 강하다. ( )
4. 교회 외의 사람들을 만나는 것이 힘들게 느껴진다. ( )
5. 하나님은 인도인이나 중국인보다 미국인을 좋아하신다고 느껴진다. ( )
6. 기도할 때 내 문제에만 몰입하는 편이다. ( )
7. 성경 외에 다른 서적을 거의 읽지 않는 편이다. ( )
8. 나는 다른 사상이나 종교에는 관심이 전혀 없다. ( )

---

4 레닌의 성격을 연구한 라포포트의 논문 참조(S.I. 하야가와, '의미론'). 건강한 심리의 사람이란 사람에 대한 호불호와 그의 말을 분리하여 판단할 줄 아는 사람이다.
(1번과 2번의 합이 5-6점이면 폐쇄적 성격, 3번과 4번의 합이 5-6점이면 개방적 성격)

5 26-30이면 폐쇄적, 21-25면 보수적, 16-20이면 중도적, 15 이하이면 관용적이고 융통성 있는 신앙인의 성향을 가졌다고 하겠다.

9. 사람들로부터 자주 보수적이라는 말을 듣는다. (   )

10. 하나님은 아버지일뿐 결코 어머니가 될 수 없다고 생각한다. (   )

● 결 론

우리가 하나님을 신앙한다는 것은 단지 그분의 살아계심을 인정하는 데 그쳐서는 곤란합니다. 신앙은 곧 하나님의 소원을 받아들이는 것입니다. 하나님은 우리의 삶이 그분의 창조행위의 선함을 드러내기를 바라시고 그분의 구원의 역사에 동참하며 매 순간마다 그분에게 열린 겸손한 신뢰의 태도를 갖기를 원하십니다.

또한 우리가 하나님을 신앙한다는 것은 예수 그리스도를 닮아 가는 것을 의미합니다. 그분의 사랑과 관용과 용서의 깊이, 소망의 높이를 닮아 가며 끝까지 하나님을 신뢰한 철저한 믿음의 자세를 본받는 것입니다.

● 나눔의 시간

하나님께서 원하시고 기뻐하시는 교회는 어떤 교회일까요?

Lesson 4
하나님 나라의 현재성

요 절 (눅 17:20-21) 찬 송: 주여 우리를 불쌍히(한국)

"바리새인들이 하나님의 나라가 어느 때에 임하시나이까 묻거늘 예수께서 대답하여 이르시되 하나님의 나라는 볼 수 있게 임하는 것이 아니요 또 여기 있다 저기 있다고도 못하리니 하나님의 나라는 너희 안에 있느니라"

Part 7 - 인간의 나라와 하나님의 나라

● 하나님께서 우리와 나누시고자 하시는 것은 무엇입니까?

하나님께서는 우리와 ([1])를 나누시기 원하십니다. 삼위일체이신 하나님도 서로 교제하십니다.

☞ 삼위일체 하나님도 성부 성자 성령께서 서로 교제하신다는 이론이 '페리코레시스'(상호침투, 상호교환)입니다. 7세기의 그리스정교회 신학자인 다메섹의 요한이 주장했다는 설이 있습니다. 최근 영국교회는 '성령께도 예배와 찬양을 드려야 한다'고 주장했습니다. 하나님은 피조물인 우리와도 사랑으로 교제하시기 위해 이 땅에 오셨습니다.

---

1 교제. 하나님은 일방적 통치가 아닌 우리와의 교제를 원하신다. 교회의 모든 사역은 별개의 것이 아니라 하나님과의 동행 곧 교제의 연속이다. 사역을 통해 교제하며 사역을 통해 하나님과의 관계가 돈독해지고 우리의 전인간성이 성장한다.

● **하나님께서는 어떤 일들을 통해서 우리와 계속 교제하기를 원하십니까?**

1. 하나님께서 세상창조를 완전하게 하셨지만 그 창조역사의 기쁨과 의미를 우리와 계속 나누기를 원하십니다. 창조된 세계를 돌봄으로 지식과 이해와 참여를 통해 성장하기를 원하십니다. 예수께서도 이 땅에 오셔서 하나님의 일에 참여하셨습니다. 주님은 창조가 일회성으로 끝나는 것이 아님을 "아버지가 일하시니 나도 일한다(요 5:17)"라는 말씀으로 밝혀 주셨습니다.

2. 구원의 역사에 참여함으로 우리와 교제를 나누기를 원하십니다. 하나님은 결과지향적이지 않으시고 결과에 도달하는 과정 자체를 중요하게 여기시는 분이십니다. 사명은 하나님과의 관계 형성과 떼어내서 생각할 수 없습니다.

● **들어가기**

간혹 성도들은 하나님 나라를 세상의 종말이나 개인의 죽음과 관련하여 생각합니다. 곧, 세상에서는 찾을 수 없고 세상을 떠나서 들어가거나 얻는 것이 천국이라는 생각입니다. 실제로 많은 신앙인들이 불의하고 타락한 현 세상을 부정하고 하나님의 나라를 흠모하는 순수한 신앙을 지키면서 살아갔던 것이 사실입니다. 그러나 예수께서는 하나님 나라가 우리 안에 있다는 새로운 말씀을 주셨습니다. 곧 이 말씀은 하나님 나라를 현재에서도 누릴 수 있다는 것입니다.

● **하나님께서 이루고자 하시는 것은 궁극적으로 무엇이며 우리가 관심 두어야 할 바는 무엇입니까?**

______________________________________ (마 6:33)

이 말씀은 "열심히 교회생활하라. 그러면 복받을 것이며 생활고가 없을 것"이라는 말씀이 아닙니다. "먼저 하나님의 나라"를 구하라는 말씀은 기도의 우선순위에서 하나님의 나라를 구하라는 말씀을 넘어서, 수동적으로 하나님의 나라를 기다리는 것이 아니라 적극적으로 하나님 나라의 삶을 살라는 뜻입니다.

● **'사람의 나라'와 '하나님의 나라'는 어떻게 다를까요?**

______________________________________ (요 18:36)

각 나라 사람들은 자기의 정부와 영토를 가지고 있습니다. 그런데 하나님 나라는 영토 개념이 아닙니다. 통치 개념이요, 관계 개념입니다. 곧 하나님의 주권을 인정하고 따르는 거기에 하나님의 나라가 임한다는 것입니다. 그러므로 하나님의 나라는 시간적으로나 공간적으로 먼 곳에 있는 것이 아니라 그리스도인의 삶 속에 임하고 있는 것입니다.

● **그룹토의 – '주님의 일'과 '교회의 일'의 동일성과 차이점은 무엇이겠습니까?**

구 분	교회의 일	주님의 일
종 류		
동질성 및 차이성		

주님의 일은 양적이기보다는 질적인 것입니다. 질적인 변화를 통해 근본적이고 전체적인 변화를 꾀하는 것입니다. 이를 테면 마태복음 18장 21-22에서 제자의 질문에 예수께서는 7번씩 77번이라도 용서하라고 말씀하십니다. 일견 불가능해 보이는 이 말씀의 의미는 무엇이겠습니까? 곧 사랑과 용서는 '주님의 일'로서 어떤 세상적 제약이나 제한을 받아서는 안된다는 말씀인 것입니다. 주님의 일은 하늘의 일이며 교회는 하늘의 일을 이 땅에서 행하다보니 많은 제한이 있고 제약이 따르는 것이 사실입니다. 그러나 제약이나 세상적 기준에 굽혀서는 안됩니다.

● 결 론

보이는 교회가 하나님의 나라는 아닙니다. 하나님 나라는 물질의 세계가 아닙니다. 하나님 나라는 영으로 살아계시는 하나님을 주권자로 모시어 들일 때 '오늘', '여기에' 임하는 나라입니다. 그러나 그것은 쉽지 않습니다. 사람들은 보이는 것으로 보이지 않는 신령한 세계를 대신하려고 하며 인간적인 욕망을 이루기 위해 하나님 나라를 구하기 때문입니다. 하나님 나라는 인간의 힘과 욕망으로 이루어지지 않습니다. 하나님의 은혜와 주권으로 이루어집니다.

● 나눔의 시간

다윗은 하나님을 아름답다고 했습니다(시 27:4). 어떤 점에서 그렇다고 생각합니까?

Part 8 - 하나님 나라로의 초대

● **성경봉독, 찬송, 기도**

● **하나님 나라는?**

1. 미래적인 동시에 현재적입니다.

_______________________________ (눅 11:20, 벧전 2:9)

하나님의 나라는 장차 예수께서 실현시키실 나라인 동시에 하나님의 권능과 은혜가 임하고 그것을 인정하고 체험할 때 현재 여기에서 누릴 수 있는 나라인 것입니다.

2. 우리의 눈으로 보이는 나라가 아닙니다. (장소적 개념이 아닙니다.)

_______________________________ (마 16:4)

창세기에서 하나님께서는 아브라함을 새로운 곳으로 인도하여 내실 때에 아브라함은 복된 땅을 원했습니다. 그러나 하나님은 아브라함이 하나님을 믿고 온전히 신뢰함으로 복된 삶을 구현하기를 바라셨습니다. 마찬가지로 본문에서 사람들은 표적을 보여 달라고 요청합니다. 그러므로써 하나님 나라의 권능을 보기를 원하며 하나님 나라가 임하는 것을 보기를 원합니다. 그러나 예수께서는 믿음을 가지고 행동하여 하나님 나라를 체험할 수 있음을 알려 주십니다.

3. 하나님의 나라는 관계 속에서 이루어지는 나라입니다.

_______________________________ (마 18:3)

어린아이는 세상적으로 보면 능력이나 지혜가 모자란 존재입니다. 그러나 어린아이는 부모에게 절대적 신뢰와 의존을 나타냅니다. 만일 우리가 우리의 교만과 경쟁심, 자기주장을 버리고 전능하시고 선하신 하나님께 전적인 신뢰와 복종을 드린다면 하나님의 나라는 우리 사이에 이루어질 것입니다.

● 하나님 나라의 관점

1. 너희들은 이미 중요하다

______________________________ (마 25:40)

사람들은 중요해지기 위해 골몰합니다. 이러한 경쟁에서 아이들이나 장애인들, 가난한 사람들은 밀려납니다.[2] 그러나 하나님은 사람들의 능력이나 세상적 중요도를 가지고 하나님 나라를 이루어 가시는 것이 아닙니다. 하나님은 자신의 권능으로 믿음을 가진 사람들 사이에서 역사하십니다. 하나님은 현재의 세상에서 사람들을 강제하지 않으시고 그들의 마음을 움직여서 일하십니다. 하나님은 모든 이들을 중요하게 생각하십니다.

2. 모든 존재가 중요하다

______________________________ (마 6:30)

예수께서는 사람들의 기준을 가지고 판단하지 않으십니다. 하나님은 모든 존재를 다 의미 있게 중요하게 다양하게 창조하셨습니다. 참새 한 마리도, 들에 피는 들꽃 하나도, 가장 연약한 소자 하나도 하나님은 중요하고 존엄하게 창조하시고 귀하게 여겨 주십니다. 죄인들마저 하나님은 소중하게 여기셨기에 그들의 구원주로 오셨습니다.

---

2 릭 워렌목사는 '목적이 이끄는 삶' 40장에서 사람들이 고민하는 세 가지를 정체성, 중요성, 영향력이라고 했다.

3. 모든 순간이 중요하다

______________________________ (살전 5:16-18)

사람들에게 중요도의 기준은 보통 세속적 등급이나 자기에게 물질이나 영예의 유익을 가져오는 경우와 맞물려 있습니다. 그러나 세상을 우주적인 관점에서 볼 때에 중요하지 않은 시간은 없으며, 은혜의 시각으로 볼 때 하찮은 것은 없습니다. 하나님의 능력과 은혜에서 벗어나는 시간이나 하나님이 외면하거나 불필요하다고 여기시는 존재는 없습니다.

● 결 론

하나님의 나라는 죽어서만 가는 나라가 아닙니다. 원래 하나님은 세상을 아름답게 만드시고 기뻐하셨습니다. 세상은 하나님의 영광이 드러나고 목적이 이루어지는 곳인데 사람의 죄악으로 인해 혼탁해졌습니다. 우리가 하나님을 신앙하고 그분의 뜻에 따라 정의와 사랑을 위해 살며 그분의 나라를 구한다면 여기서도 하나님 나라의 축복을 누릴 수가 있는 것입니다.

● 나눔의 시간

현재의 삶 속에서 하나님의 나라를 구하는 그리스도인의 신앙은 구체적으로 어떻게 표현될 수가 있을까요?

Lesson 5
하나님 나라의 성격

요 절 (요 3:5) 찬 송: 주여 우리에게(브라질) 외

"예수께서 대답하시되 진실로 진실로 네게 이르노니 사람이 물과 성령으로 나지 아니하면 하나님 나라에 들어갈 수 없느니라"

Part 9 - 하나님 나라의 운동들

● **하나님께서 우리와의 막힘 없는 교제를 통해 이루고자 하시는 것은 무엇입니까?**

하나님께서는 우리와 계속적인 교제를 통해 ([1])를 이루고자 하십니다.

● **들어가기**

먼저 각자가 생각하는 하나님 나라는 어떤 곳인지를 이야기를 나누어 봅니다. "하나님 나라가 어떤 곳이냐?"라는 질문의 답은 주로 세상과 비교하여 이 생의 슬픔과 고통이 없는 완전한 나라로 생각되고 묘사되어 온 것이 사실입니다. 그러나 그렇더라도 하나님의 나라가 세상의 부족을 보충하는 개념이나 인간의 언어로 완벽하게 묘사될 수는 없습니다. 하나님 나라는 우리의 오감과 인식을 초월하는 더욱 완전하고 신비한 나라입니다.

1 하나님 나라

● **하나님 나라와 예수 그리스도**

1. 하나님 나라는 예수님의 말씀사역의 핵심입니다(마 4:17).
2. 예수께서는 하나님 나라를 풍경이 아닌 비유로 말씀하셨습니다 (마 13:34-35).
3. 하나님의 나라는 사람들의 믿음과 태도와 연관되어 있습니다 (눅 6:43).

☞ 오늘 요절 말씀에서 '물'은 교회론적인 것으로 '성령'은 기독론적인 것으로 이해할 수 있으나 하나님의 나라는 사람의 능력으로서가 아니라 하나님의 주권과 능력으로 실현되며 교회는 하나님의 능력을 힘입어야만 합니다.

● **(하나님 나라와 관련하여) 초대교회와 천년운동의 공통점**

1. 하나님 나라가 이 땅에 곧 온다고 믿음
2. 현존의 사회질서가 바뀔 것이라고 믿음
3. 특정한 형태의 공동생활을 함
4. 시간이 매우 짧고 긴박함
5. 메시아, 예언자, 카리스마적인 리더의 중심적 룰을 강조함

● **하나님 나라에 대한 이스라엘의 전통적 개념**

1. 다윗의 후손 메시아가 오시는 날 이루어진다.
2. 정치적 해방과 이스라엘이 열방 위에 군림하는 것이다.
3. 예루살렘을 중심으로 이루어진다.

☞ 곧 이 땅에, 이스라엘에, 다윗의 혈통을 통해 이루어진다고 믿었습니다. 이스라엘의 국기에는 다윗의 별이 그려져 있습니다. 이것은 유대교의 전통적 신앙을 잘 말해 주고 있습니다. 그들의 관심은 다윗의 시대처럼 메시야가 오시면 1. 영토를 확대하고 2. 주권을 확립하고 3. 평화와 번영의 시대가 열릴 것으로 기대합니다.

● 예수님의 하나님 나라와 당시 신앙의 유형들

1. 성전을 중심으로 이루어진다(사두개파).

제사와 예배를 중요시하며, 모든 것의 중심은 성전이 됩니다. 다른 것은 다 해하여도 참을 수 있으나 성전만은 건드리면 안된다는 사고방식입니다. 그러나 예수께서는 예루살렘 성전도 완전히 무너지게 될 것이라고 예언하셨습니다.

2. 율법을 지킴으로 이루어진다(바리새파).

율법공부와 율법을 생활 속에서 준수하는 경건한 생활을 최고의 가치로 여깁니다. 그러나 율법은 늘 인간의 불완전성을 노출시키며 은혜가 필요하다는 것을 인식시킬 따름입니다.

3. 적극적으로 행동함으로 이루어진다(열심당).

하나님 나라를 이 땅에서 만들어가야 하는 것이라고 생각했으며 그래서 하나님 나라 건설에 방해가 되는 세력과 투쟁해야 한다고 생각했습니다.

4. 사람의 노력으로는 이루어지지 않으므로 경건한 공동체를 만들어 생활하며 기다린다(에세네파).

이 사람들은 성전의 권위를 인정하지 않았고 로마와 싸우는 인간적 방법도 문제가 있다고 보았습니다. 기도하고 말씀을 묵상하며 그 나라를 기다렸습니다.

5. 예수님과 제자들의 하나님 나라 운동은 비정치적이고 비폭력적인 동시에 현실을 배제하지 않는 특징을 가지고 있습니다.

하나님께서 내 영역이 아니라고 배제하시는 곳은 없습니다. 하나님은 모든 영토, 나라, 인종의 주인이십니다. 하나님의 주권을 인정하는 곳에 생명과 평화와 사랑이 넘치게 됩니다.

● 결 론

역사 속에서 하나님 나라 운동이 끊임없이 전개되었지만 하나님 나라는 이 땅에 이루어지지 못했습니다. 왜냐하면 하나님 나라는 물질로도 기술로도 세워지지 못하고 그 주인인 하나님께서 임하여 친히 다스려 주셔야 하기 때문입니다. 그러므로 하나님이 우리 가운데에 오실 수 있도록 우리가 믿음과 순종을 행하는 것이 중요합니다.

● 나눔의 시간

유토피아와 하나님 나라는 어떤 차이가 있을까요?

Part 10 - 하나님 나라의 시민이 되는 길

● **성경봉독, 찬송, 기도**

● **그룹토의 - 교회와 하나님 나라의 연관성**

1. 교회는 하나님 나라인가? [2]

2. 우리가 하나님 나라를 이룰 수 있는가? [3]

● **구약에서의 하나님 나라와 예수님의 하나님 나라 비교**

구약에서는 언제나 미래형으로 묘사합니다. (그날에, 그때에)

____________________________________ (습 3:20, 욜 2:29)

예수께서는 현재형으로도 말씀하십니다. ("회개하라!"고 말씀하실 때에 현재완료형으로 되어 있고, "왜냐하면"의 번역이 생략되어 있음. 이미 시작되었다는 의미가 내포되어 있음) [4]

____________________________________ (마 11:2-6, 4:17)

---

2 교회는 노아의 방주와 같다. 분명 하나님의 선택을 받고 구원을 경험하지만 그 방주 안에는 불완전한 인간들이 동물들과 식물들과 함께 뒤섞여 홍수를 견디고 있다.

3 김세윤 교수는 그의 저서 '신약신학'에서 하나님 나라를 사람이 만들거나 확장한다는 사상은 성경에서 발견되지 않는다고 주장한다. 다만 사람은 하나님의 통치에 순응하여야 할 뿐이고 하나님 나라를 이루는 주체는 인간이 아니라 하나님이시라는 것이다. 그런 면에서 교회도 하나님 앞에 겸손해야 한다는 것이다.

4 헬라어에서 현재완료형은 이미 시작된 행위가 완성을 향하여 진행 중인 사건을 말한다.

2-4 종합적으로 볼 때에 하나님 나라는 어떤 광경으로 묘사(빌라라든가, 황금의 성이라든가, 먹고 쓸 것이 풍성하다든가…)되지 않고 있으며, 하늘나라에 대한 믿음과 선택이 요청되고 있음을 알 수 있다. 한 때 펄시 콜레라는 사람이 '내가 본 천국'이란 책자에서 천국에 다녀온 경험을 그럴듯하게 묘사했지만 조작된 것임이 밝혀졌다.

● **하나님 나라의 비유와 그림들**

1. 혼인잔치 비유(눅 14:15-24) — 누구에게나 열려 있으나 받아들이지 않습니다.
2. 알곡과 가라지(마 13:24-30) — 방해를 받고 섞여 있습니다.
3. 포도원 품꾼의 비유(마 20:1-16) — 기회가 열려 있습니다.
4. 좋은 고기 나쁜 고기(마 13:47-50) — 구별합니다.
5. 열 처녀의 비유(마 25:1-13) — 지혜롭게 준비하는 사람과 그렇지 못한 사람이 있습니다.
6. 감추인 보화(마 13:44-46) — 모든 것을 투자할 만큼 귀합니다.

● **하나님 나라의 인도자는 예수 그리스도입니다.**

____ (요 1:12)

유토피아는 과학이나 의술의 힘에 의존합니다. 그러나 하나님 나라는 예수 그리스도를 통하여 안내됩니다.

● **하나님 나라는 믿음으로 열리는 나라입니다.**

____ (요 11:25-26)

하나님 나라는 창조와 구원을 이루시는 하나님의 주권에 대한 전적인 신뢰와 하나님의 통치에 대한 순종으로 열리는 나라입니다.

● **하나님 나라를 받아들이는 믿음이란 존재 양식의 대전환입니다.**

1. Have Do Be Paradigm

학문이나 지위 · 재물의 소유를 통해 의미 있거나 좋은 일을 하게 되고 그럼으로써 인정받는 사람이나 훌륭한 사람이 될 수 있다는 패러다임으로서 일반적으로 통용되는 패러다임입니다.

2. Be Have Do Paradigm

그러나 예수께서는 우리가 먼저 하나님의 자녀가 되어야 하고, 그럼으로써 천국을 소유하게 되며 그에 합당한 열매를 맺을 수 있다고 말씀하십니다.

3. Do Have Be Paradigm

중세 카톨릭의 면죄부를 판매할 때의 사고방식이나 율법적 사고방식은 먼저 선한 행위를 하여 자격을 얻게 됨으로써 천국인이 될 수 있다는 것입니다

인간의 행위는 불완전하고 율법은 사람의 죄를 고발합니다. 그러므로 거기에는 구원의 길이 없습니다. 주님을 영접하여 자녀가 되고 그 자녀됨을 감사하게 여겨 합당한 삶을 살 때 하나님 나라가 우리 가운데 임하게 되는 것입니다. 하나님 나라의 가장 중요한 요소는 주를 영접하여 그분의 자녀가 되는 것입니다.

● 결 론

하나님의 나라는 풍경으로는 묘사가 불가능합니다. 인간의 언어로는 하나님 나라의 완전성과 축복된 모습을 다 드러내기가 어렵기 때문입니다. 또한 하나님의 나라는 먹고 마시고 즐기는 것이 아닙니다(롬 14:17). 오히려 하나님 나라는 하나님에 대한 철저한 신뢰와 경건한 소망과 삶과 연관되어 있다는 것을 알 수가 있습니다. 하나님 나라는 존재와 관련됩니다. 곧 하나님의 자녀로 거듭나는 것입니다. 그리스도 안에서 새로운 존재가 됨으로써 하나님 나라를 소유하는 시민이 되는 것입니다.

● **나눔의 시간**

삶 속에서 주님의 주권을 인정한다는 것은 어떤 의미를 가질까요? (가정, 일터, 학교 등에서)

Lesson 6
하나님 나라의 기쁨들

요 절 (요 15:11)　　　　　찬 송: 난 주님을 알지(흑인 영가)

"내가 이것을 너희에게 이름은 내 기쁨이 너희 안에 있어 너희 기쁨을 충만하게 하려 함이니라"

Part 11 - 완전한 기쁨

● 되돌아보기

1. 예수께서는 하나님 나라를 풍경으로 묘사하셨습니까? (예, 아니오)

예수께서는 하나님 나라에 대한 우리의 (　　　[1])에 대해 말씀하셨습니다. (희망, 태도)

2. 하나님 나라는 어떻게 우리에게 주어집니까?

(　　　[2])을 믿음으로 하나님의 자녀가 되는 자격을 얻게 됩니다.

다음의 두 가지 Paradigm에서 당신은 무엇이 옳다고 생각하십니까?

가. 먼저 세상의 능력을 얻고(Have) 그럼으로써 그 능력으로 좋은 행위를 할 수 있게 되며(Do) 결국 하나님 나라의 시민으로서의 자격이 주어집니다(Be).

---

1 태도

2 예수님

나. 예수를 믿음으로 하나님의 자녀가 되고(Be) 자녀로서 하나님 나라를 소유하게 되며(Have) 이에 감사하여 자녀로서 합당한 행동을 하게 됩니다(Do).

● **들어가기**

일단의 외국 목사와 선교사들이 한국에 와서 어느 교회의 예배에 참석하게 되었습니다. 보통 주일날의 예배였는데 예배를 마친 후 한 외국인 목사가 "우리는 예배의 중반까지 장례식장에 온 줄 알았다"고 말하더라는 것입니다. 그만큼 경직되고 엄숙한 예배였다고 하는데 하나님 나라의 체험은 엄숙하고 거룩한 것이기도 하지만, 본질적으로 기쁘고 복되며 즐거운 것입니다. 초대교회 성도들의 예배는 찬미와 감사의 특징을 가졌습니다.

● **하나님께서는 우리를 선택하시고 우리와 교제하셔서 우리에게 하나님 나라를 이루고자 하시며 그럼으로 우리에게 (　　　[3])이 충만하게 하시기를 원하십니다.**

______________________________ (빌 2:13)

1. 기쁨을 제한하는 요소들은 무엇입니까?

질병, 지식, 건강, 가난, 죽음, 무지, 무감동……

2. 이로 인해 제한받는 것은 무엇입니까?

교제의 기쁨, 성장의 기쁨, 발견의 기쁨, 사랑의 기쁨……

______________________________ (빌 4:13)

---

3 기쁨

3. 그럼 어떻게 이러한 제한들을 극복할 능력이 주어지는 것입니까?

그것은 환상이 아니라 믿음 안에서 실제로 아래의 능력을 주시기 때문입니다.

________________________________ (갈 5:22-23)

● **다음을 작성하세요.**

기쁨 감성지수 체크 리스트입니다.

(그렇다: 5, 자주: 4, 가끔: 3, 거의: 2, 안 그렇다: 1)[4]

1. 성경을 통해 나는 인생의 목적을 깨닫는다. (   )
2. 다른 이들을 위로하고 돕는 일에 행복감을 느낀다. (   )
3. 나는 확실히 달라지고 있고 앞으로 더욱 그럴 것 같다. (   )
4. 예배에 대한 기대를 가지고 온다. (   )
5. 나는 사랑받고 있다고 느낀다. (   )
6. 부족하지만 삶이 소중하다고 느낄 때가 자주 있다. (   )
7. 인생은 새로운 발견에 대한 일종의 순례와 같다. (   )
8. 자연이나 음악, 미술을 보고 가슴이 설렌다. (   )
9. 성도들과 만나는 것이 즐겁다. (   )
10. 나로 인해 세상이 더 밝아지고 살만한 곳이 되었으면 좋겠다. (   )

기쁨을 이야기할 때, 보통 우리는 성취나 소유에서 그 이유를 찾습니다만, 삶은 완벽한 성취나 소유가 불가능합니다. 하나님께서 이미 하신 일에 대해 기뻐하고, 또한 하나님께서 하시고자 하는 일에 참여

---

4 45-50점은 기쁨 감성지수가 아주 훌륭함, 35-45점은 감성지수가 양호, 34점 이하는 기쁨지수 및 감수성의 계발이 필요함.

하면서 성장하고 교제하는 과정에서 우리는 진정한 기쁨을 발견하고 나누어야 합니다.

● 완전한 기쁨은 다음과 같은 요소들을 지녀야 합니다.

1. 진리

____ (고전 13:6)

2. 믿음

____ (빌 4:4-7)

3. 헌신

____ (시 126:5)

● 결 론

우리가 기뻐하는 이유는 무엇입니까? 보통 경쟁에서 이겼을 때, 가지고 싶은 것을 소유하게 되었을 때, 남이 나를 알아줄 때… 등이 아니겠습니까? 그러나 그런 기쁨은 상대적이고 쉽게 사라지는 것입니다. 참다운 기쁨이란 함께 나눌 수 있어야만 합니다. 다른 이들은 슬퍼할 때 나만 기뻐하고 있다면 그것은 하나님께서 주시는 참된 기쁨이라고 말하기는 어려울 것입니다. 참된 기쁨이란 감정적 기쁨이나 소유에서 오는 기쁨이 아닙니다. 진리와 함께 하며 믿음으로 인내하며 선한 행위를 지속할 때 결과로 주어지는 선물입니다.

● 나눔의 시간

이제껏 가장 기뻤던 순간은 언제였습니까? 그 이유는 무엇입니까?

Part 12 - 빼앗길 수 없는 기쁨

● **성경봉독, 찬송, 기도**

● **하나님 나라 자녀의 기쁨들**

1. 존재의 기쁨

______________________________________ (시 8:4, 고후 5:17)

이렇게 아름다운 세상에 나의 힘이 아닌 은혜로 존재한다는 것처럼 신비하고 기쁜 일은 없습니다. 또한 인간을 존귀하게 하시고 구원하시는 하나님의 은혜는 대단합니다.

2. 창조의 기쁨(1. 세상을 하나님의 창조물로서 봅니다, 2. 새로운 역사 창조사역에 동참합니다.)

____ (창 1:31)

우연의 산물로서가 아니라 창조자의 능력과 솜씨가 나타난 세상을 믿음의 눈으로 보는 것은 크나큰 즐거움입니다.

3. 사죄의 기쁨

____ (시 32:1)

세상에서 허물과 죄의 용서를 받는 것만큼 큰 기쁨은 또 없을 것입니다. 그리스도의 대속의 은혜로 말미암아 만유의 심판주가 되시는 하나님의 사죄를 받은 우리는 즐거워해야 마땅합니다.

4. 발견의 기쁨

______________________________________ (시 19:1-4, 골 2:2-3)

"세상은 도서관입니다(루이스 보르헤스: 아르헨티나 작가)." 우리는 날마다 세상에서 하나님의 섭리를 발견해 갑니다. 하나님의 능력과 사랑의 위대함을 발견해 가는 나날은 축복입니다. 우리는 part-time student가 아니라 일생동안 열린 마음으로 배우는 Full-time Student여야 합니다.

5. 성장의 기쁨(믿음과 인격, 제한받지 않는 소망)

____ (시 129:6, 엡 4:15)

사람은 늙지만 우리의 영혼은 늘 성장해 가고 있습니다. 우리는 그리스도에게까지 자라가야 합니다.

6. 예배의 기쁨(영원의 하나님, 성도와의 교제)

____ (요 4:23, 눅 2:49)

하나님을 예배하는 일은 천상의 세계를 들여다보는 일이고 하나님의 뜻대로 우리 자신의 가장 아름다운 모습을 발견하고 완성해 나가는 것입니다.

7. 사랑의 기쁨(교제)

____ (아 8:7, 고전 13:13)

사랑하는 자가 사랑받는 자보다 행복합니다. 사랑은 이 땅에서 영생을 연습하며 영원을 살아가는 방법입니다. 행복한 삶이란 외적인 변화보다도 내적인 가치와 성품과 관련되어 있습니다.[5]

---

5 미네소타 대학의 데이빗 라이켄 교수는 외적인 변화나 성취가 가져오는 기쁨이 언제까지나 지속되는 것이 아니고 사람에 따라서 각자 가지고 있는 고정점으로 이동하게 된다고 하였는데 그것을 Set Point라고 표현했다. 새 집이나 차를 사든지 진급을 하든지 좋은 곳을 여행하든지 간에 대개 6개월이 지나면 그 사람이 가지고 있는 기준점으로 내려오게 되는데, 그러므로 각자의 기준점이 높아야 항상 기쁨을 유지할 수가 있다. 이것은 사람의 품성, 인격, 가치관, 감성지수처럼 외적인 변화에 따라 쉽게 변하지 않는 내적 요소를 갖추어야 가능하다.

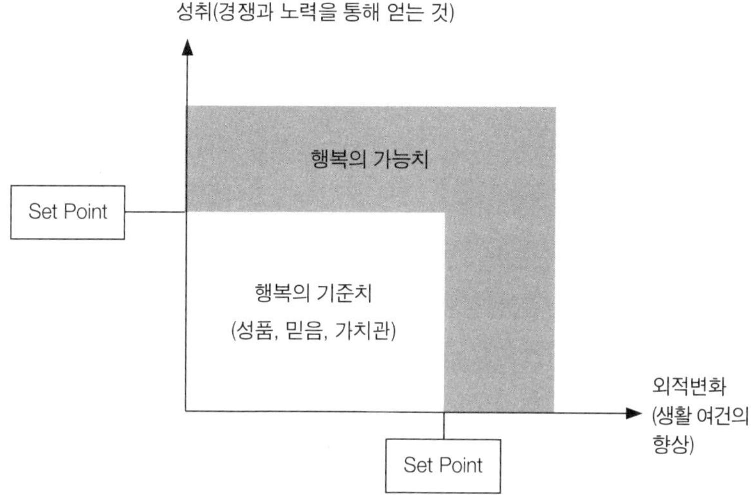

※ 차를 구입하거나 학위를 취득하면 행복의 가능치는 증대합니다만, 곧 Set Point로 내려오게 됩니다. 외적 조건에 영향 받지 않는 성품, 믿음, 가치관이 좋아야만 풍성한 행복을 늘 상 누리게 됩니다.

● 결 론

세상은 좋은 일로 가득 차 있습니다. 예수께서 바라보신 세상은 하나님의 영광이 충만한 곳이었습니다. 이것을 파괴하고 축소하는 것은 인간의 죄성이었습니다. 우리는 비교적이고 경쟁적이며 우월주의적인 만족이 아니라 하나님의 창조의 섭리 가운데에서 즐거움을 찾아 누려야 할 것입니다.

● 나눔의 시간

패러다임 공부를 통해 새롭게 발견한 기쁨과 행복은 무엇입니까?

Lesson 7
하나님 나라의 윤리

요 절 (마 19:14) 찬 송: 평화를 이루도록(이스라엘)

"예수께서 가라사대 어린아이들을 용납하고 내게 오는 것을 금하지 말라 천국이 이런 자의 것이니라 하시고"

Part 13 - 소유냐 존재냐

● 되돌아보기

1. 하나님께서는 우리를 부르셔서 하나님 나라의 기쁨을 누리기를 원하십니다. 그 기쁨들 가운데에는 어떤 것들이 있습니까?

([1])

2. 하나님 나라의 기쁨들은 우리의 (존재, 소유)[2]와 관련된 것들입니다.[3]

에덴은 존재의 기쁨이 넘치는 곳이었는데 인간이 타락한 이후 그것을 잃어버렸습니다. 왜냐하면 존재의 가치를 내적으로 상실하였기 때문입니다. 곧 존재의 존엄성을 잃었기에 다른 것으로 대치하려고 하는 것입니다. 예수를 보십시오. 예수의 존재는 모든 소유보다 더 크십니다. 곧 세상이 예수를 빛나게 하는 것이 아니라 예수 자신이 세상을 빛나게 하는 것입니다.

---

1 존재. 창조, 사죄, 발견, 성장, 예배, 사랑

2 존재

3 대다수의 사람들이 존재의 기쁨이 없기 때문에 다른 기쁨으로 대체하려 한다. 살아있음의 기쁨은 가장 근본적인 것이며, 예수님의 신성과 능력은 곧 존재의 충만함이었다.

예수님이란 존재의 크기 〉 세상 모든 것의 크기 〉 욕심에 지배당한 인간의 크기

예수께서는 한 영혼이 천하보다 귀하다고 하셨습니다. 그러나 욕심에 지배당한 인간은 세상의 것을 아무리 소유해도 항상 부족감을 느끼게 됩니다. 천하보다 귀한 인간이 세상의 것을 더 많이 갖겠다고 욕심을 내며 덜 가졌다고 그것을 슬퍼하고 있는 것입니다. 인간은 세상의 모든 것을 소유할 수 없습니다. 그러므로 소유로 인한 만족은 불가능한 것입니다.

3. 예수께서는 하나님 나라를 풍경으로 묘사하지 않으시고 하나님 나라를 받아들이는 우리들 각자의 (　　　[4])와 관련하여 말씀하셨습니다. 그렇다면 우리들 각자는 어떤 태도로 하나님 나라와 관련을 맺어야 할까요?

● 들어가기

하나님 나라는 우리의 노력으로 되는 것이 아닙니다. 하나님 나라를 누리려면 우리가 따라야 할 영적 원리들이 있습니다. 예수께서는 사람이 천국에 합당한가 아닌가를 말씀하실 때에 능력과 결부하여 말씀하시지 않으셨습니다. 어린아이는 능력이 없습니다. 그러나 그 부모를 인정하는 절대적 신뢰와 겸손을 지니고 있습니다.

● 하나님 나라의 윤리들

다음 항목마다 나의 윤리지수를 측정해 보고 각 항목별로 성경 인물

4 태도

중 대표 인물을 선정해 보십시오. 성경의 인물이 떠오르지 않으면 역사적 인물도 좋습니다. 예수께서 하나님 나라를 설명하실 때에 이런 사람은 '행복하여라'라고 말씀하셨습니다.

심령이 가난한 자 1 2 3 4 5

하나님에 대한 간절함의 정도

(성경의 대표 인물:)

애통하는 자 1 2 3 4 5

죄에 대해 슬퍼하고 자신의 무능을 안타까워하는 정도

(성경의 대표 인물:)

온유한 자 1 2 3 4 5

주님께 나의 통제권을 드린 정도

(성경의 대표 인물:)

의에 주린 자 1 2 3 4 5

세상에 하나님의 의가 실현되기를 바라는 정도

(성경의 대표 인물:)

긍휼히 여기는 자 1 2 3 4 5

타인의 고통을 민감하게 느끼는 정도

(성경의 대표 인물:)

청결한 자 1 2 3 4 5

탐욕과 허세를 버리는 정도

(성경의 대표 인물:)

화평케 하는 자 1 2 3 4 5

사람들 가운데 평화를 이루기 위해 노력하는 정도

(성경의 대표 인물:)

핍박을 받은 자 1 2 3 4 5

핍박과 고난을 묵묵히 감당하는 정도

(성경의 대표 인물:)

● 결 론

하나님 나라에 들어가고 하나님 나라의 행복을 누리는 데 있어서 결정적인 요소는 언제나 '나 자신'입니다. 세상의 나라는 재능이나 실력, 재물로서 그 시민권을 획득하는 일이 있습니다만 하나님 나라는 '나 자신'의 성품과 인간됨과 영성을 따로 떼어 놓고는 결코 생각할 수 없습니다. 그러므로 나 자신이 어떻게 변화되며 성숙될까에 대하여 더욱 관심을 가지고 노력해야만 합니다.

● 나눔의 시간

'하나님 나라는 이런 것!'이라고 느끼거나 체험한 적이 있습니까?

Part 14 - 하나님 나라의 관계성

● 성경봉독, 찬송, 기도

● 하나님 나라의 관계성

1. 하나님 나라에는 자녀만 있습니다.

______________________________ (롬 8:15)

하나님 나라에는 도사, 철학자, 구경꾼, 초인, 교수가 없습니다.[5] 물론 다른 비유들, 곧 제자도와 관련하여 양 · 일꾼 · 청지기 · 신부의 비유도 있습니다만, 무엇보다 우리가 하나님의 자녀라는 말씀은 하나님 나라에 들어가는 것이 인간의 어떤 자격이 아니라 1. 은혜의 절대성, 2. 하나님의 주권(부모가 낳듯), 3. 끊을 수 없는 하나님의 사랑에 기인한다는 것을 가르쳐 줍니다.

2. 하나님 나라는 예수 그리스도와 관련되어 있습니다.

______________________________ (요 8:12)

하나님 나라는 자선이나 깨달음, 인간의 행위와 공로의 결과가 아니며 유토피아, 황홀경, 느낌도 아닙니다. 하나님 나라는 예수 그리스도를 구속주로 인정하고 따르는 믿음과 연관되어 있는 것입니다 .

☞ 사실(Fact)과 감정(Emotion)의 차이(거짓 관계)[6]

만족스러운 느낌(식사 후나 샤워 후에도 이런 느낌이 들지만 오래 못감)

---

5 이 말은 1. 우리와 하나님과의 관계, 2. 우리의 존재방식을 설명한다. 하나님 나라는 자녀로서 들어가는 것이지 구경꾼이나 연구원이나 노동자로서가 아니다.

6 라인하르트 할러는 '아주 정상적인 악'에서 끔찍한 범죄를 저지른 악인들도 자신들을 좋게 꾸미고 변명하고 책임을 회피하는 특징을 가지고 있다고 한다. 우리가 자신의 실체를 파악하는 데 가장 좋은 기준은 다른 이들과의 사실적 관계를 살피는 것이고 하나님 앞에서 자신을 돌아보는 것이다.

괜찮은 사람인 것 같은 느낌(비방받는 사람도 자의적인 생각을 가짐)

건강한 것 같은 느낌(이미 암이 진행중인 사람도 이런 느낌을 가질 수 있음)

자신만만한 느낌(대부분 상대적이고 상황적이고 일시적임)

뭔가 성취한 것 같은 느낌(사소한 게임에서도 이같은 느낌을 받음)

자유로워진 것같은 느낌(욕망의 노예 상태에서도 일시적 자유를 느낄 수 있음)

황홀한 느낌(중독이나 장애 상태에서도 이런 느낌을 가질 수 있음)

3. 하나님 나라에는 임시직이 없습니다.

____ (골 3:17)

하나님 나라 자녀에게는 퇴근도 없고 은퇴도 없습니다. 곧 그의 자격과 신분은 시시때때로 달라지는 것이 아니라는 것입니다. 그것은 직업이 아니며 부모와 자녀의 관계입니다. 부모와 자녀의 관계는 있다가 없어졌다가 할 수 없는 것입니다.

4. 하나님 나라는 사랑과 관계되어 있습니다.

____ (요일 4:18-19)

왜냐하면 하나님은 사랑이시기 때문입니다. 우리가 하나님의 사랑으로 구원받았다는 것은 사랑의 삶으로 부르심을 받았다는 것과 같습니다. 이 말씀은 곧 우리에게 있어서 가. 사랑이 우선순위에 있어야 한다는 것이며, 나. 모든 행동양식이 섬김의 방식을 취해야 하며, 다. 선교는 개개의 교회를 홍보하는 것이 아니라 하나님의 사랑을 드러내기 위한 목적을 가져야 함을 뜻합니다.

5. 하나님 나라는 교회와 관계되어 있습니다.

____ (마 18:20)

교회는 완전하지 않고 성도들도 충분히 거룩하지 못합니다. 그러나 이 땅에서 하나님에 대한 지식을 가지고 있고 하나님 나라의 일에 가장 관심을 갖고 행하는 곳이 교회입니다. 또한 예수께서 친히 교회의 머리가 되시기로 하셨습니다.[7]

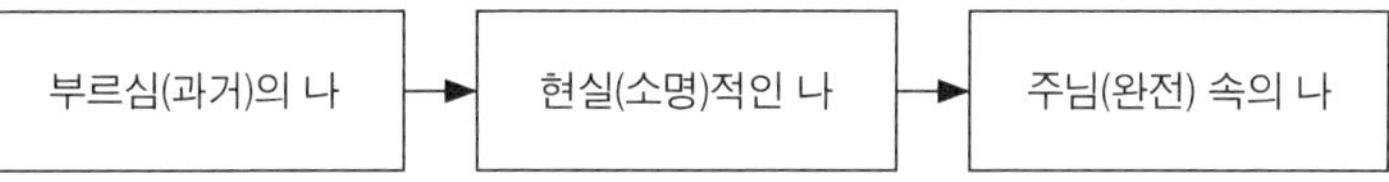

우리가 진정한 그리스도인이라면 인생의 어느 때인가 부르심의 순간이 있었고 현재에서 소명의 삶을 살고 있어야 하며 그리스도의 임재와 통치 안에서 실현될 완전한 자신의 모습을 바라보아야 합니다.

● 결 론

하나님께서는 하나님 나라의 주인공으로 바로 '나'를 초청하셨습니다. 아브라함을 부르시고 "너는 복의 근원이 되어라"라고 하신 것처럼 하나님은 나를 통해서, 나를 위해서 주의 일을 하시기를 원하십니다. 그리고 하나님 나라를 받아들이고 섬기는 데에는 성경적, 영적 원리가 있음을 알려 주십니다. 우리가 자신의 지혜나 능력을 내세우지 않고 이 원리를 부지런히 준행할 때 하나님 나라를 맛보고 누릴 수 있게 됩니다.

---

7 예수께서 교회의 머리가 되셨다는 것은 1. 교회의 목적이 주로부터 나온다, 2. 머리이신 주님께 순종하고 주의 영광을 위해야 한다, 3. 주께서 그러셨듯이 성령의 인도하심을 받아야 한다는 뜻입니다.

● **나눔의 시간**

하나님 나라를 위해 각자가 현재 힘써야 할 것은 무엇이라 생각하십니까?

Lesson 8
하나님 나라의 도전들 I

요 절 (요한일서 2:16-17) **찬 송:** 주여 주소서 평화(프랑스)

"이는 세상에 있는 모든 것이 육신의 정욕과 안목의 정욕과 이 생의 자랑이니 다 아버지께로부터 온 것이 아니요 세상으로부터 온 것이라 이 세상도 그 정욕도 지나가되 오직 하나님의 뜻을 행하는 자는 영원히 거하느니라"

Part 15 - 유혹들

● 되돌아보기

다음 서술이 맞는지 답하세요.

1. 하나님 나라에는 하나님의 자녀는 아니더라도 다양한 인력이 필요합니다. 그래서 각 방면의 권위자와 기술자, 연구원이 모두 초청되어 있습니다. (   )

2. 하나님 나라에 가는 길은 여러 가지 방법이 있습니다. 인간은 그 길을 찾거나 만들 수가 있습니다. (   )

3. 하나님 나라에는 임시직과 정규직(혹은 전문직과 비전문직)이 구별되어 있고 그들의 대우도 다릅니다. 이를테면 성직자와 평신도 같은 것입니다. (   )

● 들어가기

어떤 분들은 하나님 나라가 미래적인 것이기 때문에 현재에서는 도전적 요소가 있을 수 없다거나 어차피 사람의 힘으로 건설되는 것이 아니라면 우리가 할 일이 거의 없는 것이 아닌가 하는 의문을 제기합니다. 물론 하나님의 나라는 미래에 완전히 나타날 것이며 사람의 힘으로 이루어지는 것은 아닙니다. 그렇지만 예수께서 비유를 통해서 말씀하시는 바는 하나님 나라가 많은 방해를 받는다는 것입니다. 사탄은 사람이 하나님 나라에 들어가는 것을 방해하며 하나님 나라를 이곳에서 경험하는 것도 방해합니다. 그렇기 때문에 우리는 그 방해의 실체를 잘 알고 대처해야 합니다.

● 그룹토의 1 - '익명의 그리스도인'은 가능한가? 그 한계는 무엇인가?(참조 롬 2:14-15)[1]

☞ 비록 기독교의 진리를 잘 모르고 그리스도를 영접하지 못했을지라도 진리를 탐구하며 자기의 도덕적 양심이 요구하는 바를 실천하기에 힘써서 그리스도인처럼 살아가는 사람을 익명(匿名)의 그리스도인(Anonymous Christian)이라 합니다.

---

1 '익명의 그리스도인'은 시대적으로나 상황적으로 기독교의 복음을 전파받지 않았지만 지극히 선하여 하나님을 경외하는 자세를 가지고 사는 사람을 말한다. 바울사도는 기독교 복음을 전파받지 못한 자의 구원은 그의 선한 양심과 마음으로 율법을 행하는 태도에 따라 하나님께서 심판하실 것이라고 말한다. 그러나 어디까지나 그의 영적 자세나 수준이 살아계신 하나님을 인정하며 예수 그리스도만이 구세주가 되심을 겸손히 받아들이는 정도가 되어야 한다. 그것은 하나님의 계시가 없고 그리스도를 아는 지식과 믿음이 없는 사람으로서는 대단히 어려운 일이 될 것이 틀림없다. 왜냐하면 어디까지나 구원이란 행위가 아니라 믿음으로만 가능하기 때문이다.

● **그룹토의 2 - 하나님 나라를 이루는 데 어떤 도전들과 어려움이 있을까?**[2]

● **그룹토의 3**

관계 이미지를 숫자로 나타내 보세요.

(5에서 1까지 씁니다. 친밀감은 사랑을 느끼는 정도이고, 소속감은 '내가 누구인가? 나의 해야 할 본분이 무엇인가?'를 깨닫게 해 주는 요소이며, 영향력은 실제 삶 속에서 도움을 받거나 의사결정에 있어서 미치는 힘을 말합니다.)

구 분	친밀감	소속감	영향력	합 계
하나님				
아버지				
어머니				
동 료				
성 도				

● **유혹의 종류들**

1. 하나님 같이 되어라.

____ (창 3:4-5)

2. 인생의 주인이 되어 욕망을 성취하라.

____ (창 11:4)

---

2 하나님 나라는 인간의 능력으로 가는 나라가 아니다. 태도로 가는 나라이다. 하나님과 우리의 관계를 파괴하는 죄의 실상은 나쁜 태도이다.

3. 인생의 최대 목표는 경쟁에서 이기는 것이다.

____ (잠 24:17)

● 결 론

하나님 같이 되고자 했다가 실패한 존재가 사탄입니다. 신학자 헬무트 틸리케는 우리가 사탄의 세 가지 유혹, 곧 1. 친밀함의 유혹, 2.편리함의 유혹, 3. 쾌락의 유혹을 받고 있다고 했습니다. 우리는 유혹에서 벗어나 올바른 신앙적 선택과 결단을 통해 하나님의 섭리에 응답하여 살아가야 합니다.

● 나눔의 시간

다음의 것을 생각하여 봅시다.

1. 썩는 것과 썩지 않는 것

2. 일시적인 것과 영원한 것

Part 16 - 거짓된 가르침들

● 성경봉독, 찬송, 기도

1. 인생의 목적을 스스로 결정할 수 있다.

____ (엡 5:17)

삶에는 진짜 목적과 유사 목적들이 있습니다. 관계, 성공, 쾌락, 인정 등은 유사 목적입니다.

2. 인생의 원리를 스스로 결정할 수 있다.

____ (잠 1:7)

학교에서 가르치지 않는 것들 가운데에 중요한 것이 있습니다. 곧 1. 인생의 최종목적, 2. 창조주께 합당한 삶, 3. 죽음과 심판, 4. 내세 혹은 영생이 그것입니다. 세상에서 성공적으로 사는 것과 성공한 것 같은 느낌은 다릅니다. 성공하는 삶이란 예수 그리스도께 원리를 둔 것이며 성공적으로 사는 것 같은 느낌은 세상에 원리를 둔 것입니다.

3. 인생은 각자가 평가할 수 있다.

____ (롬 14:10)

사람들의 혼동은 세 가지 면에서 두드러집니다. 1. 첫째는 다양성의 문제인데 사람은 다양한 방식으로 살아갈 자유와 권리가 있다는 생각입니다. 물론 인간은 다양하게 살아가는 것이 허락되었지만 하나님은 공의와 사랑의 잣대로 인간을 평가하실 것입니다. 2. 둘째는 상대성으로서 혹자는 삶에 절대적 가치나 법칙은 없고 모든 것은 상대적이라고 주장합니다. 그러나 인간의 존엄성이라든가 사랑의 가치 등은 상대적일 수 없습니다. 3. 셋째는 자유의 문제로서 인간에게는 선택의 자유가 있지만 반드시 그 동기와 결과에 대하여는 책임을 져야 하는 책임적 존재입니다.

그러므로 따라야 할 절대적 기준도 없고 하나님의 심판도 없으며 선악도 없다는 것은 사탄의 유혹에 굴복한 인간의 자기 변명에 불과한 것입니다. 그 결과로 불순종, 나태, 자기 의, 무관심, 냉정함 같은 잘못된 태도를 나타내고 있는 것이 인간의 죄상인 것입니다.

☞ 당신의 심령 공간을 점검하라[3]

A: 매우 우수함

B: 우수함, 그러나 최선은 아님

C: 보통, 개선의 여지가 있음

D: 많은 개선이 필요함

F: 절대적으로 개선이 필요함

서 재: 이 방은 귀하의 두뇌역할을 합니다. 독서하고 계획하고 결정하는 곳입니다. ( )

식 당: 귀하의 기호, 식욕을 해결하고 힘을 보충하는 곳입니다. ( )

까 페: 손님을 접대하는 곳이며 당신이 좋아하는 사람들과 어울리는 곳입니다. ( )

일 터: 이곳은 귀하의 은사와 능력을 사용하여 일을 하는 곳입니다. ( )

체육관: 삶을 즐기는 놀이, 운동, 취미생활 등을 즐기는 곳입니다. ( )

금 고: 아무도 모르는 장소, 귀하의 비밀문서들이 보관되어 있습니다. ( )

기도실: 예배의 장소이며 말씀을 읽고 하나님의 음성을 듣는 장소입니다. ( )

---

3 기독교 작가 로버트 멍어는 '내 마음 그리스도의 집'에서 예수 그리스도를 믿고 따르는 삶을 마음의 집에 그리스도를 초청하여 함께 사는 것으로 표현했다.

● 그룹토의

새들백 교회의 릭 워렌 목사는 추리와 계시의 차이에 대해서 말했습니다. 추리란 인간의 지적 능력을 동원하여 상상 · 추론 · 짐작하여 얻어지는 것이고, 계시란 하나님께서 성령을 통해 자신의 뜻을 드러내는 것을 말합니다. 그렇다면 우리가 추리해서 얻어진 것과 계시로 알게 된 것에는 어떤 것이 있을까요?

● 결 론

사람이 사탄의 유혹에 넘어가는 이유는 간섭받지 않는 무제한의 자유를 추구하는 것과 자기의 능력을 극대화하여 유토피아를 이룰 수 있다는 잘못된 신념에서 비롯됩니다. 그러나 결과적으로 인간의 자유는 극도의 불안정과 혼돈을 낳았으며 삶은 사유화되어 공적 의미를 상실하게 되었습니다. 그 결과 서로를 약탈하고 그 책임을 회피하는 현상을 낳았습니다(카인이 아벨을 죽인 후 하나님께 변명하는 것). 그리고 목적과 수단을 혼동하게 되었으며 사랑의 교제보다 흥미, 인기, 소유, 자기자랑, 충동, 감정이 더 중요하게 되었습니다. 그리고 자기애에 빠져서 하나님을 사랑하고 이웃을 사랑하지 않는 죄를 범하게 되었습니다. 하나님 나라의 도전은 곧 자기애이며 삶을 사유화하는 것입니다.

● 나눔의 시간(다음 주 발표 과제)

사회적 죄와 개인적 죄를 토론하고 결과를 종합해 보십시오.

Lesson 9
하나님 나라의 도전들 II

요 절 (롬 7:21) **찬 송:** 내 이름으로 두셋 모여도(카메룬)

"그러므로 내가 한 법을 깨달았노니 곧 선을 행하기 원하는 나에게 악이 함께 있는 것이로다"

Part 17 - 죄의 실체

● 되돌아보기

타락한 인간은 생의 진짜 목적 대신 유사 목적을 위해 살아가고 있습니다. 다음에서 진짜 목적과 유사 목적을 구별해 보십시오.

하나님의 영광 (　　)
성령의 열매 (　　)
세상의 인정 (　　)
부귀영화 (　　)
화끈한 사랑 (　　)
그리스도 안에서의 연합 (　　)
진리와 함께하는 사랑 (　　)

그 차이는 무엇입니까? (　　　　　　[1])

---

1. 자기 사랑과 하나님 사랑의 차이이다.

● 지난주 나눔의 시간을 통해 알아보았던 그룹이나 개인별 과제 발표

개인적 죄는 개인의 욕심이나 영광을 위해 저질러지는 것으로서 도둑질, 거짓말, 학대, 불효같은 것입니다. 사회적 죄는 그 사회적 영광이나 욕망을 위해 저질러지는 것으로서 보다 집단적 형태를 띠게 됩니다. 곧 편협한 사상, 전통, 법체계, 이념, 당파를 만드는 것과 전쟁, 선동, 인권유린 같은 것입니다. 개인의 인격에 대비시켜 집단인격(corporate personality)이라는 말도 쓰는데 곧 어떤 집단에서 나타나는 성향으로서 개인보다 더 영향력이 막대하며 인간 자아의 확장성을 나타냅니다. 그런데 그것은 개인의 실체가 드러나지 않을 때 종종 파괴적인 모습을 띠게 됩니다. 이를테면 신학자 라인홀드 니버는 그의 저서 '도덕적 인간과 비도덕적 사회'에서 사람 개개인은 착하고 도덕적인 면이 있을지라도 사회 속에서는 전혀 다른 양상, 곧 파괴적이고 위선적인 모습을 나타내곤 한다고 말합니다.

● 들어가기

최근 어느 실험에서 자동차를 한적한 곳과 번화한 곳에 놓아두었더니 인적이 드문 한적한 곳의 자동차는 뼈대만 남기고 다 뜯어가더라는 것입니다. 개인의 실체가 잘 드러나지 않고 책임이 약화되는 곳에서 사람은 매우 악하고 위선적인 면을 나타냅니다. 하나님 나라의 가장 큰 방해물은 곧 하나님을 인식하지 못하는, 그리고 하나님을 거부하는 사람의 내면화된 욕망이며 불순종인 것입니다.

● 죄란 하나님을 거스르는 것입니다.

1. 생각으로 거스릅니다.

____ (렘 17:9)

성경은 "대저 사람의 생각이 그러하면 위인이 그러하다(잠 23:7)"고 말씀합니다. 사람의 생각은 대개 욕망에 기초하고 있으며 하나님을 인정하는 것을 부담스럽게 생각합니다. 그리고 생각은 하나의 경향성으로 나타나고 성품과 긴밀하게 얽혀 있습니다. 생각이 기초이고 근본입니다. 그런데 그 생각이 부패했다는 것은 생각하는 것마다 옳지 못하다는 것입니다.

2. 성품으로 거스릅니다.

____ (시 78:8)

법적으로나 도덕적으로 치명적 실수를 하지 않았더라도 평소에 주변 사람에게 심각한 고통을 주며 사는 경우가 많습니다. 왜냐하면 성품이 삐뚫어졌기 때문입니다. 이것은 결코 작은 죄가 아닙니다.[2]

3. 잘못된 믿음으로 거스릅니다.

____ (마 23:13)

믿음에는 좋은 믿음이 있고 해로운 믿음도 있습니다. 잘못된 믿음은 본인뿐만 아니라 많은 사람들을 잘못된 곳으로 이끌고 갑니다.

4. 말로써 거스릅니다.

____ (약 3:8-10)

말에는 순수한 말도 있으며 선동, 기만, 거짓된 말도 있습니다. 말의 파괴력은 결코 과소평가할 수가 없는 것입니다.

---

2 나타나엘 호손의 '주홍글씨'에서 여주인공 헤스터 프린은 남편을 회상하며 이렇게 말합니다. "아직 철이 들기 전 나를 꾀어서 자기에게 오는 것이 행복한 것이라고 믿게 만든 로저 칠링워드의 죄악은 내가 저지른 죄보다 작지 않아. 저 사람은 나를 속였어. 그리고는 그 후로 진정으로 나아지려고 노력하지도 않았지."

5. 행동으로 거스릅니다.

______________________________ (사 59:6)

● 결 론

죄의 본질은 행위 자체보다도 하나님에 대한 태도입니다. 예수께서 말씀하신 '탕자의 비유'는 이것을 잘 설명하고 있습니다. 첫째와 둘째 아들은 모두 아버지의 마음을 이해하지 못했고 아버지의 마음을 아프게 했습니다. 그러나 둘째는 회개하고 돌아온 반면 첫째 아들은 집에 남아 아버지의 일을 돌보면서도 아버지의 처사를 불평하고 원망합니다. 죄란 교묘합니다. 하나님께 복을 받으려면 일을 많이 해야 하는 것이 아니라 합당한 생각을 가져야 합니다. 미켈란젤로는 불필요한 부분을 제거하여 속에 있는 것을 드러나게 하는 것이 조각(혹은 예술)의 본질이라고 생각했습니다. 마찬가지로 우리의 마음속에 버리고 비워야 할 것을 제거할 때 하나님의 온전하신 뜻이 드러나게 될 것입니다.

● 나눔의 시간

죄를 짓게 되는 가장 중요한 이유는 무엇일까요?

Part 18 - 죄와 인간의 무력함

● 성경봉독, 찬송, 기도

죄의 본질	관 계	영 향	결 과
이기심 교 만 탐 욕	사 람	사유화 도구화 단 절	황폐화
	창조세계		파 괴
	하 나 님		불순종
	역사목적		반 역
	자기 자신		사 망

※ 이기심과 교만, 탐욕이 사람과 관계에서 영향을 미칠 때 사람을 사유화하고 도구화하고 단절시키며 결국 사람과의 관계는 황폐화된다.

죄의 결과는 사망입니다.

____ (롬 6:23)

타락한 인간은 자기 욕망을 위해서 살아갑니다. 자기중심주의에 빠져 모든 것을 도구화시킵니다. 흔히들 죄를 살인, 강도, 도적질, 거짓말, 비방, 음모라고 생각합니다. 그러나 그것은 죄의 결과입니다. 곧 생각, 동기의 결과물인 것입니다. 그러므로 죄의 본질이자 실체인 이기심, 교만, 탐욕을 보아야 합니다.

● 육체의 사람과 성령의 사람(나무 그림)

열심이나 회개조차도 남에게 드러내고 싶어 하는 자기애(육체)에 뿌리를 내리고 있다면 결국 죄의 열매를 맺을 수 밖에 없습니다.

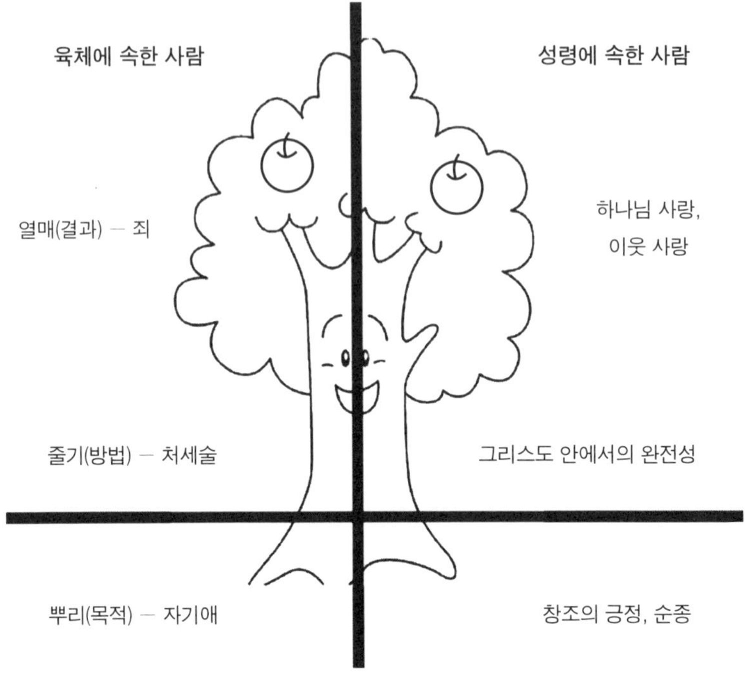

● **죄의 세력 앞에 인간은 무력합니다.**

______________________________ (롬 8:7)

1. 습관화

자신도 눈치 채지 못할 정도로 생각 속에 침투되어 있으며 습관적으로 반복합니다.

2. 문화화(사회화)

개인의 죄성은 사회로 확장되어 나타나며 시대화되고 동질성을 획득하게 됩니다.

3. 세력화

사람이 죄를 행하는 대부분의 이유는 다른 많은 사람들이 행한다는 것입니다. 세력화된 죄에 대해 인간 개인은 둔감하고 무력합니다.

● 죄의 결과

1. 관계의 파괴

인간과 인간, 인간과 자연, 인간과 하나님과의 관계를 파괴합니다.

______________________________ (롬 1:25)

2. 생명의 파괴

생명의 본질은 하나님의 형상입니다. 죄는 하나님의 형상을 파괴합니다. 그러므로 인간 이하의 존재로 전락합니다.

______________________________ (창 4:8)

3. 사명의 파괴

인간은 목적과 사명을 가지고 태어납니다. 목적을 잃어버리면 덧없는 쾌락과 소유욕의 노예가 되고 그 결과로 허무와 절망, 사망에 이르게 됩니다.

______________________________ (눅 16:13)

● 결 론

죄를 이길 수 없는 까닭은 곧 죄와 나를 분리할 수가 없기 때문입니다. 왜냐하면 내가 곧 죄 자체이기 때문입니다. 사도바울이 '죄인의 괴수(딤전 1:15)'라고 한 것의 의미가 무엇이겠습니까? 그만큼 남보다 죄를 많이 지었다는 이야기일까요? 아닙니다. 죄가 자기 안에 있다는 것,

그 죄성의 정도가 엄청나다는 것에 대한 자각입니다. 그러므로 나의 죄성을 철저히 자각하고 그럼으로써 하나님께 완전한 순종을 할 때에 죄의 세력을 이길 수가 있게 되는 것입니다.

● 나눔의 시간

죄를 이길 수 있는 가장 좋은 방법은 무엇일까요? (요 15:5)

Lesson 10
죄의 극복을 위한 노력들

요 절 (신 6:5) 찬 송: 다와서 노래하자(히브리)

"너는 마음을 다하고 뜻을 다하고 힘을 다하여 네 하나님 여호와를 사랑하라"

Part 19 - 죄의 영향력

● 되돌아보기

1. 다음 죄의 상관관계에 대해 설명해 보십시오.

생각은 성품에 영향을 미칩니다. 성품은 생각에 영향을 줍니다. 다시 생각과 성품은 행동을 낳습니다. 외형적으로 행동이 번듯할 수는 있습니다. 왜냐하면 외적으로 잘못된 행동은 사회에서 도덕적 비난을 받기 때문입니다. 그러나 정작 중요한 것은 생각이나 성품인 것이며 근본적인 것입니다.

2. 죄가 파괴하는 것 세 가지를 적어 보세요.

( )

( )

( )

3. 죄 앞에 인간이 무력한 까닭 세 가지를 적어 보세요.

( )

( )

( )

● 들어가기

죄란 자기애이며 그 결과입니다. 죄란 세속적 삶 자체가 아니라 하나님의 섭리를 거부하는 사람의 불순종과 무력함입니다. 그러므로 죄를 이기고자 하는 사회적 노력들, 곧 윤리교육 · 법교육 · 법의 체계확립과 개인적인 노력들, 곧 양심 · 도덕을 지키고자 하는 노력들은 근본적인 어려움을 겪게 마련입니다. 죄의 극복은 하나님과의 관계회복을 통해서만 가능합니다. 그러므로 나를 더 잘 아시고 인도하시는 하나님을 인정하고 사랑하는 차원이 필요한 것입니다. 요절말씀에서 '마음'은 감정적 차원으로서 성품과 기질을 의미하며, '뜻'은 의지적 차원으로서 뜻을 세워 굽히지 않는 것을 의미하며, '힘'은 실제적인 노력 및 행동력을 의미한다고 하겠습니다.

● 그룹작업 - 우리 그룹(구역) 평가

1. 모이고 배우고 깨우치려는 열심도

고장난 진공청소기 1 2 3 4 5 강력한 블랙홀

2. 서로를 돌아보고 사귀는 친밀도

스쳐 지나는 행인 1 2 3 4 5 데이트 중인 연인

3. 새로운 패러다임에 대한 반응도

꾸어다 놓은 보릿자루 1 2 3 4 5 환호하는 관객

4. 배운 바를 삶에 실천해 보려는 적용도

미지근한 찻물 1 2 3 4 5 분출하는 용암

5. 예수를 구주로 모시고 따르려는 충성도

골리앗 앞의 군인들 1 2 3 4 5 기드온의 3백 용사

● 죄와 그 결과로부터 벗어나기 위한 노력들

과거로부터 현인들은 죄가 인간을 황폐화하고 욕망의 댓가는 덧없다는 것을 일찍부터 간파하였습니다. 그래서 어떻게 하면 이것에서 벗어날 수 있을까를 생각하였습니다. 그들이 깨닫고 실천한 바는 크게 3가지입니다.

1. 욕망에서 벗어나기

속세에서 탈출하고 떠나는 것을 말하며 욕망과 거리를 두는 노력을 의미합니다. 플라톤은 '관조적 삶'을 얘기했는데 현자는 덧없는 것을 포기했기 때문에 이데아의 세계에 도달할 수 있다는 것입니다.

2. 자신을 수련하기

수행, 고행, 선행 등을 통하여 자신의 양심 및 영성을 단련하는 것을 말합니다. 그러나 수련은 끝이 없으며 결국 수련하다가 인생을 마치게 되는 것입니다.

3. 진리를 탐구하고 실천하기

인간의 고통과 삶의 황폐화는 우주와 인간사를 움직이는 근본 원리를 배척하기 때문에 생긴다고 생각하고 그것을 깨달아 순응하면 그러한 고통에서 해방될 것이라고 여겼습니다.

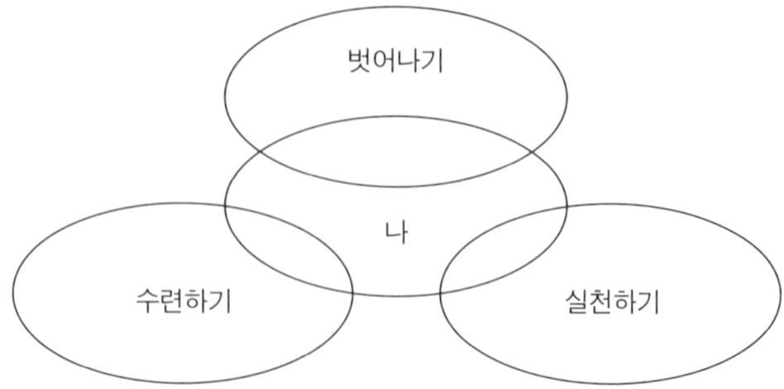

※ 네 개의 원 중에서 가운데 원은 '나'입니다. 주변의 원 중에서 하나는 '욕망에서 벗어나기'이고 하나는 '자신을 수련하기'이며 다른 원은 '진리를 탐구하고 실천하기'입니다. 그런데 언제나 세 가지 원 중 나와 일치하지 않는 부족한 부분이 존재하게 됩니다. 사실은 세 가지가 다 불가능하다는 것을 알게 될 것입니다. 인간의 지성과 영성, 실천에는 한계가 있기 마련이기 때문입니다.

● 문제점

1. 이러한 목표에 도달하여 스스로 완전해지거나 스스로를 구원한 사람이 없다는 것입니다. (롬 3:23)
2. 또한 모두가 이러한 원리를 행할 수는 없습니다. 왜냐하면 사람에 따라 지적 · 신체적 조건이나 능력이 다르고 지적 · 신체적 장애인은 아예 이러한 방법을 행할 수가 없기 때문입니다. (롬 8:3-4)
3. 또한 인간이 역사와 현실을 떠난다는 것이 가능하느냐의 문제가 제기되며 만약 그것이 가능하다면 인간의 문명은 발전하지 못하게 될 것입니다. 궁핍, 질병, 환경을 극복하기 위해서도 인간은 역사의 현장을 떠날 수가 없습니다. (요 1:14)
4. 그리고 사람이 아무리 이러한 방법을 따른다고 할지라도 완전하게 거룩함이나 구원에 이를 수는 없다는 것이 문제입니다. 죄는 외부에 있는 것이 아니라 인간의 내부에 있다는 것이 성경적인 관점입니다. (롬 7:21)

● 결 론

신학자 헬무트 틸리케가 말한대로 태초로부터 최대의 격전장은 인간의 가슴이며 그곳을 악마와 천사가 점령하기 위해 치열하게 전투하고 있습니다. 우리가 왜 죄를 몰아내고 이기는 것이 그렇게 힘이 들까요? 그것은 죄가 멀리 떨어져 있는 것이 아니라 바로 내 안에 있기 때문입니다. 죄는 나의 생각, 나의 동기에 깊이 침투해 있습니다. 우리가 예수 그리스도를 구주로 영접하여 들이지 않는 한 죄를 이길 수는 없습니다.

● 나눔의 시간

죄인의 증상과 구원받은 자의 상태를 비교하여 말해 봅시다.

Part 20 - 인간의 한계와 하나님의 구원

● **성경봉독, 찬송, 기도**

● **구원의 은혜**

1. 삶은 곧 죄의 현장입니다.

____ (창 6:5-6)

하나님을 떠난 인간은 자기의 힘으로 세상을 살아가야 했습니다. 세상은 '공중의 권세잡은 자'의 유혹이 집요한 곳입니다.

2. 내가 죄와 거리를 두는 것이 어렵습니다.

____ (시 51:5)

죄는 나의 내부에서 발원합니다. 그러므로 죄를 떠난다는 것 자체가 어렵습니다.

3. 진리를 인간의 노력으로 붙들 수 없습니다.

____ (전 12:12)

진리는 우리의 결단과 순종을 요청할 뿐입니다. 아무도 진리를 사유화하고 독점할 수 없습니다. 하나님, 하나님의 말씀이 진리입니다.

4. 하나님으로부터 구원이 옵니다.

____ (롬 9:16)

인간이 고통당하는 것을 보시고 행동하시는 하나님으로부터 구원이 옵니다.

5. 구원은 무엇입니까?

____ (롬 5:1)

구원이란 어떤 심리적인 평정상태나 일시적인 만족을 의미하지 않습니다. 예수 그리스도를 통한 하나님과의 관계회복과 전적인 신뢰상태를 의미합니다. 그리고 구원받은 자의 삶(사명)이 요청됩니다.

● 죄를 이기려면?

1. 늘 성령과 동행해야 합니다.

____ (갈 5:18)

2. 적극적으로 선을 행해야 합니다.

____ (롬 12:21)

3. 유혹의 욕심을 따라 구습을 행하지 말아야 합니다.

____ (엡 4:22-24)

● 결 론

죄의 결과는 삶의 황폐화이며 죽음입니다. 죄는 하나님의 영광을 위하지 않고 자신의 욕망을 섬기는 것입니다. 여기에서 파괴와 단절이 계속됩니다. 창세기의 "세상을 정복하고 다스리라는" 말씀은 일차적으로 하나님을 대리하여 통치하라는 뜻인데 타락한 인간은 세상을 정복하고 다스리기는커녕 세상에 얽매여서 허우적거리는 존재가 되어버리고 말았습니다. 죄를 극복하고 구원받은 삶을 살려면 창조주이시며 구원주가 되시는 하나님께로 돌아가야 합니다.

● **나눔의 시간**

요즈음 세상에서 무엇이 더욱 치명적인 유혹의 요소가 되어 가고 있는지 나누어 봅시다.

Lesson 11

변화를 위한 준비

요 절 (막 8:18) 찬 송: 주 곁을 떠나가기 전(스위스)

"너희가 눈이 있어도 보지 못하며 귀가 있어도 듣지 못하느냐 또 기억하지 못하느냐"

Part 21 - 영적 감수성을 높여라

● 되돌아보기

1. 종교와 철학에서 죄의 극복을 위해 필요하다고 보는 일반적인 방법은 무엇이 있었습니까?

가. ( )

나. ( )

다. ( )

2. 기독교에서 구원이란 무엇을 의미할까요?

가. 하나님과의 사귐이 회복된 삶입니다(롬 5:1).

나. 사귐의 벽을 철폐하신 분은 그리스도입니다(롬 8:1-2).

다. 구원은 그리스도를 따르는 응답과 사명으로 확실해집니다(행 20:24).

● 들어가기

예수께서는 무얼 하고자 하셨습니까? 세상의 제국을 만들려고도 하지 않으시고 인기나 인정에도 관심이 없으셨으며 오직 사람들의 관심이나 고정관념을 바꾸고자 하셨습니다. 당시 1. 이스라엘 민족은 맹목적이고도 편협한 선민의식을 가지고 있었으며, 2. 종교지도자들도 기득권의식과 우월의식에 빠져 있었습니다. 3. 제자들마저도 하늘나라를 지상의 왕국으로 생각하며 "누가 큰 자가 되고 작은 자가 될 것인가?"라는 비교의식에 물들어 있었습니다.

예수께서는 이들의 잘못된 사고와 습관, 편견을 바꾸시기를 바라셨는데 그러한 변화는 곧 올바른 믿음에서 비롯됨을 깨우치셨으며, 그러므로 '믿음을 가질 것'을 부단히 요청하셨습니다. 그렇다면 어떻게 믿음을 가질 수 있을까요? 믿음을 가지기 위해 무엇을 준비해야 할까요?

● Workshop - 감수성 훈련[1]

1. 사랑하는 사람들에게 예수님의 이름으로 최고의 축복해 주기

2. 그룹(구역)원들에게 그들의 특징에 따라 해, 달, 별 혹은 꽃, 동물의 이름을 붙여서 불러 보기

● 요한 웨슬리의 사변형

1. 이성을 잘 단련해야 합니다.

합리적인 지성은 하나님의 선물입니다. 과학이 그렇듯이 신앙도 고도로 합리적인 것입니다. 맹목적인 추종이나 신비주의가 참 신앙이 아닙니다.

1 예수라면 어떻게 축복하시겠는가? 동물들과 해, 달, 별이 가족이라면 어떤 감정이 들겠는가?

2. 경험을 정화해야 합니다.

경험은 소중합니다. 그러나 경험만능주의를 탈피해야 합니다. 경험에는 사람의 주관적 판단과 감정, 경향이 섞여 있습니다. 사람들은 사실을 객관적으로 기억하는 것이 아니라 대개 자기에게 유리한 것이나 서운한 것을 잘 기억한다고 합니다.

3. 신학을 확립해야 합니다.

교리는 기독교 신앙의 뼈대입니다. 뼈대가 약한 튼튼한 신체가 불가능하듯이 좋은 믿음은 교리에 정통해야 잘 세워질 수 있습니다.

4. 전통에서 빛을 찾아야 합니다.

교회의 전통은 깊은 의미가 있습니다. 교회 전통이 다 무오한 것은 아니지만 세속의 치열한 공격과 이단과의 싸움 속에서 그 신학적 건전선과 정통성을 인정받은 것입니다.

● **지식, 감정, 실천의 상관관계 - 사실 및 진리를 체득하는 방법들**

다음 유형의 강점과 약점에 대해 생각해 봅시다.

1. 지식주도형

가. 강점 :

나. 약점 :

2. 감정주도형

가. 강점 :

나. 약점 :

3. 실천주도형

가. 강점 :

나. 약점 :

● 결 론

변화란 변화하겠다는 생각만으로는 이루어지지 않습니다. 변화는 우선 사람의 내면 깊은 곳에서부터 시작되어야 하므로 영적인 순수함을 회복하는 것이 중요합니다. 이런 의미에서 둔감해진 영적 감수성을 회복해 나가야 합니다. 또한 기독교의 정통 진리의 토대 위에서 내 삶을 검토하고 확증하여 가는 것이 옳은 방법입니다. 더러 변화의 동기와 과정이 너무 감정적이고 충동적이어서 뿌리를 내리지 못하고 좌절하는 경우가 있습니다. 기독교적 진리와 가치의 토대 위에서 삶을 추구해 나갈 때 방향과 목적을 잃지 않게 될 것입니다.

● 나눔의 시간

나에게 있어서 소중한 것들에 대해서 말하고 그 이유에 대해 설명해 봅시다.

Part 22 - 변화의 길

● 성경봉독, 찬송, 기도

● 하나님의 특별한 선물들

1. 영감을 받아들이기

____ (시 19:1-6)

지구와 우주는 중력이 다릅니다. 스케일과 구성요소가 다른 곳에서는 다른 일들이 일어나는 것이 가능합니다. 영감을 받아들인다는 것은 계시를 깨닫기 위해 마음을 완전히 개방하는 것이며 성령께 자신을 맡기는 것입니다.

2. 오감을 활용하기[2]

____ (막 8:18)

※ workshop – 우리의 느낌은 청각, 시각, 미각, 촉각 등 몇 가지 주요 기관에 종속되어 있습니다. 또한 우리의 가치관에 지배당합니다. 그러므로 삶의 깊은 신비와 은총을 체험하는 데 어려움을 겪는 것입니다. 눈으로 보고 코로 냄새를 맡고 귀로 듣는데서 끝나는 것이 아니라 온몸으로 세상을 느끼고 행복을 느껴 보십시오. 서로의 교감을 이루어 보십시오. 손으로 눈을 만져 보십시오. 손으로 귀를, 발가락을 꼼지락거려서 서로 만져 보고 느껴 보십시오. 손의 향기를 맡아 보십시오. 이번에는 눈으로 손을 만져 보십시오. 귀로 손을 만져 보십시오. 전혀 다른 느낌을 가질 수가 있으며 다른 체험이 될 것입니다.

---

2 헬렌 켈러는 시력과 청력을 상실했고 말도 못했지만 어느 누구보다도 훌륭한 탐색자였다. "나는 기분이 좋아지는 향기의 종류와 농도를 '관찰'한다. 그것은 다양한 색의 종류와 색조에 내 눈이 어떻게 매혹당하는지 상상할 수 있게 한다. 그 다음 나는 생각의 빛과 한 낮의 빛 사이의 유사성을 추적한다. 그러고 나면 인간의 삶에서 빛이 얼마나 소중한지를 예전보다 더 뚜렷하게 인식하게 된다('생각의 탄생', 로버트 루빈스타인 외 1인 공저)."

3. 예술을 활용하기[3]

____ (시 150)

예술은 세상의 아름다움을 새롭게 발견하게 해 주며 하나님의 아름다움을 인식하는 데 도움을 줍니다. 더 나아가 자신과, 또한 하나님과 화해의 길을 모색하게도 합니다.

4. 감사를 재발견하기

____ (골 3:15-17)

삶에는 감사할 요소들이 많습니다. 창조에 대한 감사, 자연에 대한 감사, 생명에 대한 감사, 재능과 은사에 대한 감사, 이웃들에 대한 감사를 새롭게 느껴 보고 생활화할 때 충만한 삶을 살아갈 수 있습니다.

5. 사랑하고 섬기기

____ (벧전 4:8)

사랑할 때 사람은 가장 민감하고 또 개방적이 됩니다. 사랑할 때는 바람, 태양, 풀잎 등 작은 것 하나도 소중한 의미로 다가옵니다. 성경은 사랑이 없으면 하나님을 알지 못한다고 했습니다. 하나님을 아는 것은 지식의 문제만이 아니라는 것입니다.

● 결 론

예수께서는 삶 속에서 모든 가르침의 소재를 취하셨습니다. 예수님

---

3 "걸작이란 개인을 스스로와 화해할 수 있게 하는 것이며 다른 사람과 화해하게 하는 것"이라고 샤를 페펭은 지적했다. 오스카 와일드는 화가 윌리암 터너가 안개 낀 런던을 화폭에 담았을 때 비로소 런던 사람들은 우울증과 천식을 가져오는 원인으로서의 안개만이 아니라 런던을 독특하고 아름답게 하는 안개를 재발견하게 되었다고 한다.

은 그분의 빛으로 진리를 드러내셨습니다. 영성이란 우리에게 주어진 모든 것을 빛으로 활용하여 삶의 신비, 목적을 드러내는 것입니다. 그러나 사람들은 욕심과 편견과 불신으로 말미암아 삶의 의미를 드러내지 못하고 오히려 감추어 버리고 어둡게 만들곤 합니다. 우리가 새롭게 되기 위해서는 순수한 마음으로 세상을 바라볼 수 있어야 하며 우리에게 주어진 모든 깨달음의 방법들을 사용할 수 있어야 합니다. 믿음을 가진다는 것은 곧 하나님께서 우리에게 주신 것들을 감사함으로 받고 순전한 마음으로 사용하는 것입니다. 그리하여 전인적인 소통을 이루고 하나님과 교제를 나누는 것이 가능하게 될 때 변화도 가능합니다.

● 나눔의 시간

1. 하나님의 특별한 선물들 중에 내가 더 관심을 기울여야 할 요소가 있다면 말해 봅시다.

2. 다음 주 과제 - 장미꽃을 한 송이씩 준비해 옵니다.

Lesson 12
예수는 누구신가

요 절 (요 1:14)　　　　　　　　　　찬 송: 하나님을 진심으로 부르는 자는(한국)

"말씀이 육신이 되어 우리 가운데 거하시매 우리가 그의 영광을 보니 아버지의 독생자의 영광이요 은혜와 진리가 충만하더라"

Part 23 - 예수를 알아가기

● 되돌아보기

1. 은혜나 구원의 선물, 지식이나 신비한 계시를 받는 데 있어서 중요한 것은 무엇일까요?

받는 자의 상태 및 자세가 중요합니다. 그 사람의 간절함, 순수함, 정직함에 따라 결과가 달라집니다.

2. 세 가지 유형들의 장단점은 무엇이었습니까?

가. 교실형(지식주도형)

나. 교감형(감정주도형)

다. 행동형(실천주도형)

● 들어가기

예수 그리스도는 참 하나님이시고 참 사람이셨습니다. 그는 하나님의 마음을 정확하게 이해하셨고 동시에 사람의 연약함도 충분히 이해하셨습니다. 창조주의 눈길로 세상을 보시고 피조물인 사람의 연약함과 죄를 이해하셨습니다. 예수께서는 영성과 인간성이 충만하셨습니다. 율법사들과 바리새인들은 예수님의 가르침에 놀랐고 당혹해 했습니다. 마음이 굳어버린 그들이 도무지 생각할 수 없는 것을 말씀하시고 숨겨진 진리의 비밀을 드러내셨기 때문입니다. 이 예수를 아는 것은 하나님을 아는 것이고 예수를 구주로 영접하는 것은 하나님의 구원을 받아들이는 것입니다. 먼저 우리의 굳어진 마음을 부드럽게 하기 위해 감수성 훈련을 해 보겠습니다.

● Workshop – 감수성 훈련

1. 눈 가리고 걷기

한 사람은 눈을 가리고 다른 한 사람이 인도하여 일정한 코스를 돌아옵니다. 역할을 바꾸어서 해 봅니다.

2. 사랑의 허그 나누기

"사랑합니다! 당신은 소중한 사람입니다! 당신 때문에 행복합니다."

3. 장미꽃과 만나기

장미꽃을 한 송이씩 준비합니다.

가. 본다.

나. 살핀다.

다. 만진다.

라. 쓰다듬는다.

마. 냄새 맡는다.

바. 그려 본다.

사. 웃어 본다.

아. 사진으로 찍어 본다.

자. 가슴에 얹어 본다.

차. "좋아해, 소중해, 사랑해"라고 말한다.

카. 귀를 귀울여 소리를 들어 본다.

타. 한 잎을 떼어 본다.

파. 다른 사람에게 주어 본다.

하. 나란히 옆에 놓고 나도 꽃이라 생각해 본다.

● 예수를 만나기

1. 역사적 예수

예수가 어떤 분이었는지 역사적으로 추적하여 최대한 객관화된 모습을 그려내 보려는 시도를 말합니다.

2. '이 예수가 하나님과 어떤 관계로 느꼈느냐? 자신을 누구로 알리고 싶어했느냐?'에 관심하는 것입니다.

3. '제자들과는 어떤 관계였는가? 우리와 무슨 관계인가? 어떤 관계일 수 있느냐?'에 집중하는 것입니다.

● 예수 그리스도의 세 가지 이름

사실 여러 가지 이름이 있지만 이 세 가지가 핵심입니다.

1. 하나님

__________________________________ (골 1:15)

존재론적인 표현으로 예수께서는 하나님과 하나이셨고 하나님을 아버지라 하셨으며 전적인 신뢰와 의뢰와 순종을 보이셨습니다.

2. 독생자

____ (요 1:14)

발생론(기원)적인 표현으로써 인간으로부터가 아니라 하나님으로부터 직접 오신 유일한 분이며 성령과 동행하신 분이셨습니다.

3. 구세주

____ (딤후 1:10)

우리와 어떤 관계인가를 알려 주는 표현이며 예수 그리스도의 사명과 관계된 이름입니다.

● 결 론

우리는 예수님에 대한 올바른 지식을 가져야 합니다. 막연한 생각은 막연한 신자를 만들 뿐입니다. 구약의 예언과 신약에 기록된 그분의 기사와 말씀, 행적에서 우리는 지식을 얻을 수가 있습니다. 그리고 나서 우리가 믿어야 할 내용을 확증해야 합니다. 그분은 믿는 자의 길과 진리요 생명이 되어 주실 것입니다. (요 14:6)

● 나눔의 시간

내가 알고 있는 예수 그리스도와 그분에 대한 기도 제목, 소망은 무엇인지 나누어 봅시다.

Part 24 - 예수 그리스도의 마음

● 성경봉독, 찬송, 기도

우리는 예수 그리스도의 마음에 충만했던 것을 살펴봄을 통해 그분이 진정 누구였던가를 알 수가 있습니다. 성경은 "대저 그 마음의 생각이 어떠하면 그 위인도 그러하다(잠 23:7)"고 말씀합니다.

1. 영광의식

____ (마 6:29)

예수께서 보신 세상은 하나님의 영광이 충만한 세상이었습니다. 창조, 진리, 사랑이 가득한 세상은 하나님의 영광을 반영하고 드러내고 있습니다. 예수께서는 이 모든 것을 보셨습니다.

2. 은총의식

____ (마 6:26)

생명, 존재 등 모든 것이 하나님으로부터 왔으며 만물은 하나님의 은혜를 입고 존재합니다. 예수께서는 하나님의 은총이라는 대전제를 가지고 세상을 보셨고 문제를 대하셨습니다.

3. 존중의식

____ (요 4:7)

요즘 기독교 선교에 결여되었다는 비판을 받는 것이 존중의식입니다. 주께서는 사마리아 여인도 찾아가셨으며 제자들의 발을 씻겨 주실 정도로 저들을 존중해 주셨습니다.

4. 영원의식

____ (요 11:26)

예수께서는 사람이 한시적으로 살 존재로 여기지 아니하시고 우리 모두가 영원한 삶을 살아야 할 존재로 여기셨습니다. 우리에게 영원한 생명을 주시고자 하셨으며 영원의 관점에서 현재를 바라보셨습니다.

5. 겸비의식

____ (막 1:9)

예수께서는 자신을 낮추셨습니다. 섬기기 위해서 세상에 오셨다고 하셨으며 죄인의 자리에까지 자신을 낮추셨습니다.

6. 결산의식(심판의식)

____ (마 13:49-50)

항상 깨어 있어서 마지막 삶의 결산을 준비해야 한다는 것을 일깨워 주셨고 삶은 우연에서 시작되어 흐지부지 끝나는 것이 아님을 보여 주셨습니다.

7. 사명의식

____ (마 20:28)

예수께서는 자신이 이 세상에 오신 목적을 잊지 않으셨습니다. 십자가의 고난을 피하지 아니하시고 정면으로 맞닥뜨리셨습니다. 그리고 제자들에게 사명자의 삶을 살아야 할 것을 요청하셨습니다.

● 예수께서 우리의 삶의 자세로 요구하신 것

1. 세상을 누리라

________________________________ (마 6:30)

광대한 창조 세계를 누림, 자녀의 영광을 누림, 하늘나라의 소망을 누림, 발견의 기쁨, 존재의 기쁨, 관계의 기쁨을 누림

2. 마음을 열어놓으라

________________________________ (막 4:9)

하나님 하실 일을 기대하고 낙망과 고통을 이기라, 더 멀리 바라보라, 배우기를 쉬지 말라. 세상과 자연과 이웃에 대해, 미래에 대해 보다 개방적이 되어야 합니다.

3. 죄를 회개하라

________________________________ (눅 19:9)

회개는 뉘우치고 돌이키는 것, 버리는 것(편협함, 이기심, 욕심), 관계를 회복하는 것입니다.

4. 도우라 – 돕는 사명

________________________________ (눅 6:38)

다른 이들도 누릴 수 있도록 도와야 합니다. 지식이 부족하고, 병이 있으며 가난하면 누리지 못합니다.

5. 사랑하라

________________________________ (요 13:34)

주께서 주신 새 계명, 곧 우리를 새롭게 만드는 계명은 사랑하는 것

입니다. 그것은 또한 인간의 동기에서 시작되고 끝나는 것이 아니라 하나님의 속성으로서의 사랑을 힘써 행하는 것입니다.

● 결 론

예수 그리스도를 안다는 것은 곧,

가. 그분의 기원을 안다는 것

나. 그분의 성육신의 이유를 안다는 것

다. 그분의 사명과 부탁을 안다는 것

입니다. 엘리사는 고국으로 돌아가는 나아만을 찾아가서 재물을 요구하여 돌아오는 종 게하시에게 "그 때(죄를 행할 때)에 나의 마음이 감각되지 아니하였느냐?(왕하 5:26)"고 질책합니다. 하나님의 마음을 감각하는 것이 영성입니다. 그리스도를 안다는 것은 '그분이 누구인가? 왜 이 땅에 오셨는가? 그분이 하시고자 한 일이 무엇인가? 우리에게 어떤 부탁을 하셨는가? 그분의 마음은 어떤 마음인가?'를 아는 것입니다.

● 나눔의 시간

빌립보서 2:5절에서 사도바울은 "너희는 이 마음을 품으라"고 말씀합니다. 오늘 우리가 품어야 할 그리스도의 마음 중에서 부족한 것은 무엇인지 나누어 봅시다.

Lesson 13
구세주요 모범이신 예수

요 절 (요 8:12) 찬 송 : 오소서(이건용) 외

"예수께서 또 말씀하여 이르시되 나는 세상의 빛이니 나를 따르는 자는 어둠에 다니지 아니하고 생명의 빛을 얻으리라"

Part 25 - 모범이신 예수

● **되돌아보기**

1. 예수 그리스도의 세 가지 이름을 적어 보시고 의미를 생각해 보십시오.

가.

나.

다.

2. 예수님 안에 충만했던 의식 생각들을 적어 보세요.

가.

나.

다.

라.

마.

바.

사.

들어가기

하나님은 그리스도를 우리의 구세주로 보내셨을 뿐만 아니라 우리가 따르고 실현해내야 할 참 인간의 모범으로 세우셨습니다. 그리스도 안에는 완전한 신성과 인간성이 나타날 뿐만 아니라 완벽한 남성성과 여성성이 조화롭게 나타납니다. 곧 불의를 용납하지 않고 두려워하지 않는 용기로운 투사로서의 남성성과 한없이 용납하시고 자애로운 여성성이 그것입니다. 그리하여 우리 모든 사람의 모범이 되시는 것입니다.

Workshop[1] - 아래 빈칸을 다음 보기 중에서 채워 넣으십시오.

가. 분노	나. 상심	다. 조심	라. 외면	마. 대응

1. 요즈음 TV 프로그램에 대해 일반적으로 나는 (   ) 합니다.
2. 교인들이 세상에서 비난받을 행태를 보이게 되면 나는 (   ) 합니다.
3. 아이들이 주일 날 교회에 가지 않으려고 하면 나는 (   ) 합니다.
4. 환경파괴와 생태계 혼란에 대해 나는 (   ) 합니다.
5. 인터넷상의 터무니 없는 기독교 비난에 대해 나는 (   ) 합니다.
6. 물질과 세속적 향락을 추구하는 세태에 대해 나는 (   ) 합니다.
7. 요즈음 기독교인들의 기복적 믿음에 대해서 나는 (   ) 합니다.
8. 감상적이고 개인만족을 추구하는 일부 CCM에 대해 나는 (   ) 합니다.
9. 돌이켜보아 받은 은혜를 낭비한 나 자신을 발견할 때 나는 (   ) 합니다.

---

1 보기들은 성향을 나타내는 것으로서 (가)는 비판적, (나)는 비관적, (다)는 관망적, (라)는 도피적, (마)는 실천적 성향으로 파악될 수 있습니다. 숫자를 합하여 성향을 진단해 보십시오.

10. 교회의 봉사활동이 내가 생각하는 것과 달리 전개될 때 나는 (   ) 합니다.

11. 사이비 이단들이 터무니 없는 주장을 펼칠 때 나는 (   ) 합니다.

12. 가난한 나라의 실상이나 선교사들의 어려움을 볼 때 나는 (   ) 합니다.

● 그리스도 모범의 4방향

			하나님			
			마22:37			
			전심으로 사랑하라			
세 상	마 28:18-20	전하고 가르치라	모범이신 예수	이웃이 되어주라	눅 10:37	타 인
			믿고 순종하라			
			요 17:4			
			나			

● 결 론

예수께서는 우리의 구세주로서 믿음의 대상이 되십니다. 그분은 인간의 형체를 가지시고 세상에 오셨지만 세상의 욕심을 따라 사시거나 세상의 자랑과 영광을 구하지 아니하시고 인간에게 참 구원과 자유 생명을 주시고자 하셨습니다. 예수는 우리와 똑같이 연약한 육체를 입으시고 온전하고 흠이 없으신 삶을 사셨기에 그분은 우리가 닮아가야 할 모범도 되시는 것입니다.

● 나눔의 시간

우리와 같은 육체를 입으신 예수께서 어떤 어려움을 겪으셨는지 나누어 보고 우리는 어떻게 육체의 나약함을 이길 수 있는지 얘기해 봅시다.

Part 26 - 구세주이신 예수

● 성경봉독, 찬송, 기도

● 예수께서 구세주로서 하신 일

1. 죄와 사망의 권세와 싸우셨습니다.

_______________________________________ (롬 6:23)

죄는 하나님과의 관계를 가로막는 것입니다. 성경은 사탄이 거짓의 아비요, 유혹하는 자라고 말씀합니다. (요 8:44)

가. 인간세계의 주권이 사탄에게 있는 것이 아닙니다. 다만 그는 우리를 유혹할 수 있을 뿐입니다.

나. 우리는 그 유혹에 맞서 싸워야 하며 우리의 책임을 회피해서는 안됩니다.

2. 진리를 가르치고 행하시는 참사람이셨습니다.

_______________________________________ (요 1:17)

진리를 가르치실 뿐만 아니라 친히 진리가 되셨습니다. 그분 안에 은혜와 진리가 충만하셨습니다.

3. 낮은 자와 죄인들과 함께 하셨습니다.

_______________________________________ (마 9:11)

낮은 자들과 죄인들과 함께 하시되 그들과 동화되시지 않으시고 그들에게 새 소망을 불어넣어 주셨습니다.

4. 하나님과 화해하고 교제하도록 하셨습니다.

_______________________________________ (롬 8:1-2)

하나님과의 높은 죄의 담을 철폐하시고 화목을 누리게 하셨습니다.

5. **예배자로 사셨습니다.**

______________________________________ (눅 9:28-29)

예배는 예수님의 삶 자체였습니다. 예배란 하나님의 주권과 뜻을 존중하는 행위입니다.

● 결 론

예수께서는 하나님의 아들이며 우리의 구원주로서 믿음의 대상이며 예배의 대상입니다. 그러나 거기에서 머물면 충분치 않습니다. 그리스도는 우리가 닮고 따라야 할 모범이시기도 합니다. 우리의 구원은 예수께서 십자가에 달려 우리의 죄를 대속하심으로 단번에 이루어졌지만, 우리의 성화는 서서히 완성되는 것이며 그것은 모범이신 그리스도를 열심히 따를 때 이루어지는 것입니다.

● 나눔의 시간 - 그룹작업

각자 4방향에 대한 부족한 점과 결심을 적어 봅니다.

1. 자신 —
2. 타인 —
3. 하나님 —
4. 세상 —

Lesson 14
그리스도의 요청

요 절 (요 15:5) 찬 송: 기도송(이호열) 외

"나는 포도나무요 너희는 가지라 그가 내 안에 내가 그 안에 거하면 사람이 열매를 많이 맺나니 나를 떠나서는 너희가 아무 것도 할 수 없음이라"

Part 27 - 회개하라

● **되돌아보기**

1. 예수께서 친히 하신 일은 무엇입니까?

가.

나.

다.

라.

마.

2. 모범이신 그리스도를 따라야 할 4가지 방향의 원칙은 무엇입니까?

가.

나.

다.

라.

● 들어가기

우리가 예수 그리스도를 믿는 이유는 우리를 구원할 유일한 분이기 때문입니다. 그렇다면 구원받는다는 것은 무엇을 의미할까요? 물론 구원이란 전인적인 의미를 가지고 있고 하나님 나라에 받아들여진다는 뜻을 가지고 있습니다. 이해하기 쉽게 구원의 여러 차원을 생각해 볼 수 있습니다. 구원은 미래적인 것일뿐만 아닙니다. 구원받은 자에게는 현재적 삶을 살아내야 하는 과제가 주어집니다. 그런 면에서 구원은 다음과 같은 차원에서 복합적으로 일어나야 합니다. 예수께서는 구원에 합당한 삶을 요청하십니다.

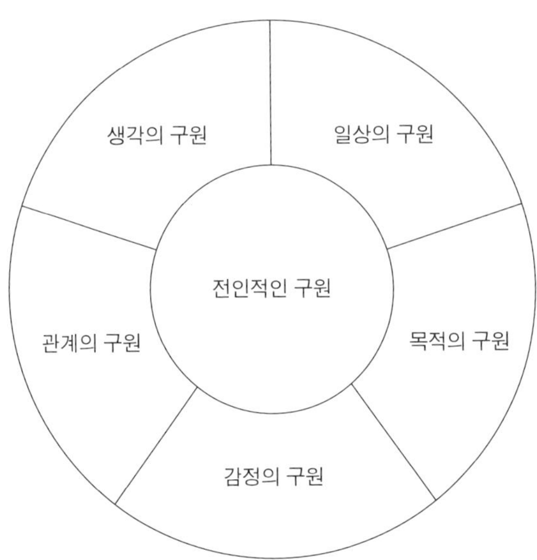

● 회개를 요청하신 주님(마 4:17) - 회개란 무엇입니까?

1. 오래된 생각들과 습관들을 재점검하는 것입니다.

뉘우침에는 깊은 뉘우침과 얕은 뉘우침이 있습니다.

가. 얕은 뉘우침은 결과만을 뉘우치는 것이고

나. 깊은 뉘우침은 생각, 동기까지도 뉘우치는 것입니다.

회개란 오래된 생각들을 다시 생각하는 데서 출발합니다. 곧 내가 어떠한 존재였던가를 생각하는 것입니다. 겉으로 드러난 죄만을 찾아서 뉘우치는 것은 피상적인 것입니다. 타인의 비난을 의식한 반응은 근시안적이고 표피적인 것이므로 잘못을 반복하게 만듭니다.

2. 하나님께서 삶에 허락하신 은총을 돌아보며 감사의 영성을 회복하는 것입니다.

가. 내 삶에 주어지지 않은 것이 없다는 것

나. 가장 귀한 것들이 하나님의 선물로서 위로부터 왔다는 것

다. 이 모든 것이 내 능력 바깥에서 왔다는 것

라. 이러한 선물이란 우리가 소유할 수 있는 것뿐만 아니라 성장과 나눔의 기회들과 미래의 약속들도 포함한다는 것을 아는 것입니다.

3. 자연과 인간과 역사와 새로운 관계를 맺는 것입니다.

하나님의 창조행위에 응답하고 구원행위에 동참하며 성령의 인도에 순종하여 피조물과 인간과 상호적 관계를 맺는 것입니다. 믿음이란 우리가 세상과 만나 상호작용하는 가운데에서 구체화됩니다. 죄는 하나님 앞에서 바른 자세를 가지며 세상과 바른 관계를 맺을 때 극복되는 것입니다. 다음에서 그리스도인의 회개가 불신자의 반성과 다른 것은 무엇입니까?

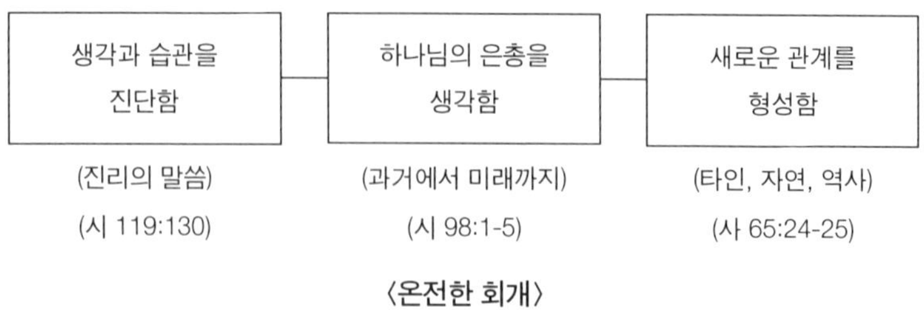

〈온전한 회개〉

● **다음에서 변할 수 있는 가치와 변할 수 있는 것은 무엇이라 생각하십니까?**

	아주 그렇다	그렇다	그렇지 않다
가. 건강	☐	☐	☐
나. 하나님의 뜻	☐	☐	☐
다. 인기	☐	☐	☐
라. 내적 성장	☐	☐	☐
마. 행복	☐	☐	☐
바. 성공	☐	☐	☐
사. 관계	☐	☐	☐
아. 우주	☐	☐	☐
자. 사랑	☐	☐	☐

● **결 론**

예수께서는 생명과 구원을 주시기 위해 오셨는데 주님의 선물을 소유하기 위해서는 먼저 온전한 회개가 있어야만 합니다. 마치 운동선수가 옛 버릇을 버리지 않고서는 새로운 습관을 들이기 어려운 것처럼 사람의 내면에는 죄된 속성이 있어서 하나님의 백성이 되고 나서도 끊임없이 죄악을 반복하고 스스로 실망하곤 합니다. 그러므로 깊은 뉘우침이 있어야 하고 회개는 지속적이어야 합니다. 그럼으로써 예수께서 주시는 평화와 능력을 지속적으로 누릴 수가 있게 되는 것입니다.

● **나눔의 시간**

앞의 도표에서 전인적인 구원을 위해 내가 더 힘써야 할 분야는 무엇이라고 생각합니까? 그 이유는 무엇입니까?

Part 28 - 믿으라

● **성경봉독, 찬송, 기도**

● **믿음을 요청하신 주님(요 5:24) - 믿음이란 무엇입니까?**

다음에서 믿음의 범주에 들어가는 것이라고 생각되는 요소들을 선택하십시오.[1] 그리고 선택한 이유를 설명해 보세요. (아마도 전체를 선택할 수도 있을 것입니다.)

긍정함	감사함	시인함	생각함	용납함
반대하지 않음	좋아함	편안해 함	겸손함	분노함
따라함	배타적임	기뻐함	담대함	찬양함
장담함	근심함			

● **믿음의 징표**

1. 경탄

____ (시 19:1)

세상만물이 우연히 된 것이 아니라 하나님의 능력으로 되었음을 인정하는 것입니다.

2. 감격

____ (엡 3:20-21)

---

1 믿음이 위의 요소들로는 다 표현되지 못함을 알 수 있을 것이다. 여기 유명한 비유가 있다. "황소는 뿔이 있다. 그러나 뿔이 있다고 해서 다 황소는 아니다." 이를테면 믿는 자는 교회에 다닌다. 그러나 교회에 다닌다고 다 믿음이 있는 것은 아니다. 또한 믿음이 있는 자는 봉사한다. 그러나 봉사한다고 다 믿음이 있는 것은 아니다. 그렇다면 믿음에서 결정적 요소는 무엇인가? 그것은 그리스도가 나의 주라는 고백이며 순종이다. 변하는 것은 삶의 우선적 가치나 기준이나 될 수 없다. 삶의 필요조건이기는 하지만 영원한 생명을 얻는 데 필수조건이 아닌 것을 바르게 분별할 수 있어야 한다. 만약 그 차이를 분별하지 못한다면 우상숭배와 같은 죄를 범하게 될 것이다.

이 능력과 자비의 하나님이 나의 아버지가 되신다는 사실에 대한 것입니다.

3. 분별

______________________________ (행 17:11)

과연 이것은 하나님께 속한 것인가, 하나님의 뜻인가를 예민하게 살핍니다.

4. 예배

______________________________ (시 138:2)

감격과 감사의 신앙은 예배로 표현됩니다.

5. 기도

______________________________ (골 4:2)

하나님과 대화를 즐깁니다. 하나님이 나의 소원을 들으시는 것을 믿습니다.

6. 소망

______________________________ (살후 1:3-4)

그리스도 안에서 하나님의 뜻과 모든 가능성을 바라봅니다.

7. 사랑

______________________________ (고전 13:7)

은혜에 대한 반응으로서 인간적 사랑, 애정행위와는 구별됩니다.

● 체크 리스트

(아니다: 1, 가끔 그렇다: 2, 자주 그렇다: 3)

1. 나는 무가치한 존재라고 생각된 적이 있다. (　　　)
2. 늘 외롭고 고독하다. (　　　)
3. 삶이 귀찮아질 때가 있다. (　　　)
4. 기분에 의해 지배당하는 편이다. (　　　)
5. 내 삶의 문제가 무엇인지 잘 모르겠다. (　　　)
6. 건강 때문에 염려에 빠지곤 한다. (　　　)
7. 나의 문제는 사람들과의 문제이다. (　　　)
8. 쉬고 싶지만 쉰다고 특별히 나아질 것은 아니니다. (　　　)
9. 오늘 꼭 해야 할 일이 없다. (　　　)
10. 기도 제목이 늘 있는 것은 아니다. (　　　)

가. 25-30　나. 20-25　다. 15-20　라. 10-15　마. 10 이하

※ '가'그룹은 필수적으로 사명발견과 중보기도와 사랑과 위로가 필요함.

위의 지수가 높을수록 다이내믹이 떨어진다는 의미가 있습니다. 그럴수록 나의 믿음의 실체에 대해서(나는 진정 무엇을 믿는가?) 점검해 보아야 할 필요가 있습니다.

● 결 론

믿는다는 것은 생의 요소들에서 이전과는 다른 새로운 의미를 발견하고 새로운 관계를 맺는 것을 의미합니다. 곧 회개와 믿음과 행위의 일치성이 이루어져야 하는데 믿는 바를 실천한다는 것은 바른 믿음을 가졌다는 것을 증거하며 바른 믿음을 가졌다는 것은 온전한 회개, 곧

이전의 잘못된 이해와 관계를 청산했다는 것을 의미합니다. 영국 켄터베리의 대주교였던 안셀무스는 "알기 위해 믿는다"고 말했는데 그것은 맹목적인 믿음을 말한 것이 아니라, 믿고 나서 그 믿음에 근거해서 실천을 해 보면 그 믿음이 올바른 것인지를 알 수 있다는 것이고 올바른 믿음은 또 올바른 회개에 도달할 수 있다는 것을 가르쳐 주는 말입니다.

● 나눔의 시간

내 삶에서 반드시 이루고 싶은 나의 소원은 무엇이며 하나님께서 반드시 이루고 싶어하시는 하나님의 뜻이 있다면 무엇일까요?

Lesson 15
온전한 믿음 I

요 절 (요 6:47) 찬 송: 너그러이 받으소서(그레고리오 성가)

"진실로 진실로 너희에게 이르노니 믿는 자는 영생을 가졌나니"

Part 29 - 믿음의 전투

● 되돌아보기

1. 온전한 회개의 요소는 무엇입니까?

반성에는 한계가 있습니다. 하나님과 타인과의 바른 관계를 형성하는 것이 올바른 회개입니다. 바른 관계에서 바른 행위가 이루어지게 됩니다.

2. 믿음의 징표들에는 어떠한 것이 있습니까?[1]

가.

나.

다.

라.

마.

바.

사.

1 앙드레 지드는 "진실을 찾으려는 사람은 믿을지언정 진실을 찾았다는 사람은 믿지 말라"고 했다. 왜냐하면 진실이란 늘 시험하고 확증해야 하며 믿음이란 어떤 지식이나 관념이 아니라 그 사람의 인간성과 삶으로 표현되어야 할 성질의 것이기 때문이다.

● 들어가기

그리스도는 한 분뿐이지만 사람의 믿음은 천차만별입니다. 왜냐하면 그 사람의 지식과 성품과 가치관과 삶의 목적이 믿음의 요소들과 결합되기 때문입니다. 어떤 경우에는 대단히 건전하고 기독교적인 믿음이 나타나지만, 그렇지 않고 불건전하고 괴이한 양상의 믿음이 나타나는 경우도 있습니다. 믿음은 단기간에 완성되는 현상이 아닙니다. 꽤 오랜 기간 동안(어쩌면 일생 동안) 검증과 훈련과 격렬한 투쟁을 통해서 확립되는 것입니다.[2]

● 믿음의 도상에서 일어나는 일들

1. 옛 습관과의 투쟁

가. 개인의 습관 – 주로 생각, 말, 생활에 나타남

나. 가정의 습관 – 주로 시간표, 언어, 관계맺기 등에 나타남

다. 교회의 습관 – 주로 전통이나 목표, 방식들에 나타남

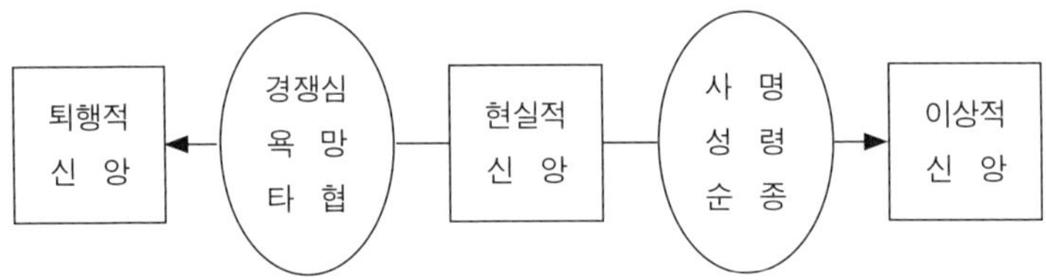

2. 기독교적 미신들과의 투쟁

가. 예수가 교회로 대치됨

---

2 스티븐 아터번, 젝 펄톤은 그들의 저서 '해로운 믿음'에서 불건전한 믿음의 해로운 양상이 얼마나 치명적일 수 있는지를 논하고 있다.

나. 평화가 안전으로 대치됨

다. 섬김이 일로 대치됨

라. 믿음이 느낌이나 행위로 대치됨

마. 천국이 재미나 행복으로 대치됨

3. 우선순위와의 투쟁

가. 성공과 의미

나. 수단과 목적

다. 소유와 삶

라. 소유와 사랑

마. 일과 인간

● 믿음의 가능성

1. 그리스도를 으뜸으로 모셔야 합니다.

______________________________ (골 1:17-18)

믿음은 믿는 주체인 나와 나의 판단력을 믿는 것이 아니라 그리스도를 믿는 것입니다. 곧 그리스도의 성취를 받아들이고, 그리스도 안의 생명과 사랑의 영원함과 그리스도의 약속을 신뢰하며 그리스도의 모범, 그리스도 안에서의 성장의 축복과 그 가능성을 믿는 것입니다. 그리고 그리스도를 모든 판단의 근거로 삼는 것입니다.

2. 믿음은 은혜를 공급받아야 합니다.

______________________________ (엡 3:8-9)

믿음이란 지식 체계를 쌓아올리는 지적 노력이나 훈련이나 선행을 통해 자기 의를 성취하는 것이 아닙니다. 주의 은혜 없이는 아무도 홀로 설 수 없습니다. 바울사도는 그리스도와의 동행을 통해 자신의 능력 이상의 것을 성취했습니다.

3. 주의 일에 힘써야 합니다.

____ (빌 1:29)

믿음은 탁상공론이 아닙니다. 삶의 현장에서 확립되는 것입니다. 또한 주의 일에 힘쓴다는 것은 일을 통한 자기 공로를 이룬다는 의미가 아닙니다. 뿌려지지 않은 씨앗이 열매를 거둘 수 없는 것처럼, 삶의 필연을 주의 말씀에서 찾고 고난 중에서도 굴하지 않고 현실에서 적용해 볼 때 더욱 분명해지는 것입니다.

● 결 론

정련되지 않고 훈련되지 않고 실천되지 않은 믿음은 온전한 믿음이 될 수 없습니다. 믿음은 '아멘!'이라는 입술의 응답으로만 성취되는 것이 아닙니다. 온전한 믿음은 항상 가능성으로 우리에게 보여지는 것입니다. 누구도 "이제는 완전해졌다"고 말할 수 없으며 내가 "믿음을 소유했다"고 주장할 수도 없습니다. 온전한 믿음이란 바울사도가 고백했듯이(빌 3:12-14) 예수 그리스도를 향해 부단히 반복해서 나아가는 과정 그 자체일 뿐이기 때문입니다.

● 나눔의 시간

이단종파들의 주장과 그들의 믿음이 위험한 까닭은 무엇입니까?

Part 30 - 믿음의 진단과 결과

● 성경봉독, 찬송, 기도

A 유형(내가 좋아하는 신앙 인물)[3]

다윗	모세	솔로몬	히스기야	다니엘	기드온
아브라함	이사야	바울	요한	바나바	디모데

B 유형(나의 선호 가치)

배움	은사	동료	가족	행복	진리
인기	성장	평안	교제	활동	사랑
개발	목표	안전	취미	모험	섬김

● 믿음의 결과

1. 평안

____ (요 14:27)

그리스도를 믿음으로써 우리는 진정한 평안을 맛보게 됩니다. 왜냐하면 주께서 가장 위대한 일을 나를 위해서 성취하셨으며 나를 사랑한다는 확신이 있기 때문입니다.

2. 확신

____ (롬 8:38-39)

---

3 A와 B유형에서 2-3개씩 선택하고 좋아하는 신앙 인물과 나의 선호가치가 어떤 조화를 이루고 있는가를 비교해 보자.

믿음의 확신은 개인의 기대나 소망을 뛰어넘어 창조주 하나님의 능력과 구세주 예수 그리스도의 사랑과 성령의 동행하심에 대한 것입니다.

3. 소명

____ (롬 1:1)

믿음과 더불어 소명의식이 옵니다. 하나님께서 부르신 것은 부르심의 사명이 있기 때문입니다. 부르시고도 아무런 사명을 주시지 않는 경우는 없습니다.

4. 생명

____ (요 10:10)

그리스도 안에서 생명은 번식력이나 활동력이나 육체의 힘이 아닌 하나님의 영원성에 참여하도록 부르심을 얻었다는 의미입니다. 그것은 사자나 거북이나 소나무의 생명과 구별됩니다.

5. 능력

____ (엡 3:16)

속된 세상을 성도로 살아갈 수 있는 능력이며 평범한 삶을 특별하게 살아갈 수 있는 능력이며 세상에 살면서 지배당하지 않는 능력입니다.

● 결 론

세상의 믿음이 다 같은 것이 아닙니다. 인간의 욕망이나 신념에서 나온 것은 하나님으로부터 기인한 것이 아닙니다. 오늘날 그리스도인들의 믿음이 위험한 양태로 나타나는 것과 이단종파들이 득세하는 것은 기독교적 믿음에 다른 인본주의적 요소들이 침투했기 때문입니다.

이런 혼합주의적이거나 이단적인 신앙은 그리스도를 통해서 확립된 것이 아닙니다. 바울사도는 빌립보서 3장 19절에서 신앙인이라고 하나 사실은 그리스도와 무관한 사람들이 있다고 말씀합니다. 온전한 믿음이란 그리스도를 통해서 시작되고 그리스도를 통해서만 확립됩니다. 그 과정에서 철저한 투쟁이 일어나야 합니다.

● 나눔의 시간

오늘날 온전한 기독교적 신앙과 교회에 가장 큰 도전이 되는 것은 무엇일까요?

Lesson 16
온전한 믿음 II

요 절 (마 11:29-30) 찬 송: 영광의 왕 오시니(이스라엘)

"나는 마음이 온유하고 겸손하니 나의 멍에를 메고 내게 배우라 그리하면 너희 마음이 쉼을 얻으리니 이는 내 멍에는 쉽고 내 짐은 가벼움이라 하시니라"

Part 31 - 불완전한 믿음

● 되돌아보기

1. 온전한 믿음으로 가는 도상에는 어떤 투쟁들이 일어납니까?

가.

나.

다.

2. 온전한 믿음은 가지려면 어떻게 해야 할까요?

가. 그리스도를 으뜸으로 모셔야 합니다.

그리스도를 으뜸으로 삼는다는 것은 주님의 말씀에 근거하여 가치관을 재정립한다는 것을 의미합니다.

나. 은혜를 공급받아야 합니다.

기독교인의 훈련과 비기독교인의 훈련은 다릅니다. 비기독교의 훈련은 자신에 대한 것이고 기독교인의 훈련은 그리스도와의 관계에 대한 훈련입니다. 곧 경청의 훈련, 동행의 훈련, 순종의 훈련 등입니다.

3. 주의 일에 힘써야 합니다.

사람의 본성은 편한 것, 쉬운 것을 좇지만 그리스도인은 주의 일을 하면서 고난까지 무릅써야 하고 그러한 헌신이 나를 변화시킵니다.

● 들어가기

믿음은 온전해야만 합니다. 적당주의적이거나, 내 방식대로의 신앙, 순도가 떨어지는 기독교 가치관은 많은 문제를 야기합니다. 우리의 신앙이 타협적이고 혼합주의적인 모습을 보인다면 나 자신뿐만 아니라 교회 공동체에 심각한 해를 가져올 것입니다. 그러므로 "그냥 믿으면 됐지"라고 생각하는 안일한 생각을 버리고 온전해지기 위해 노력해야 합니다. 기독교 작가인 오스 기니스는 한 번의 순교보다 제자도의 순교가 필요하다고 역설했습니다.[1]

● 불완전한 믿음(90% 순도의 믿음)의 결과

1. 하루 중 2.4시간이 불안하다. 믿음이 작동하지 않는다.

예) 하루 중 2.4시간 동안 핸드폰, 수돗물, 전기 사용이 불가능하다면?

2. 일주일 중 16. 8시간 동안 감정이 통제되지 않는다.

예) 간호사가 16.8시간 동안 임의대로 환자에게 약을 쓴다면?

3. 1달 중 3일간 문제가 발생한다.

예) 신경증, 우울증이 3일간 괴롭힌다면?

---

1 오스 기니스는 '소명'에서 세 가지의 순교가 있다고 한다. 적색순교는 단번에 피를 흘려 죽는 것이고, 녹색순교는 금욕의 영적 훈련으로 이루어지는 순교이며, 백색순교는 하나님의 사랑 때문에 모든 것을 드리는 것으로, 제자의 삶이란 백색순교에 속한다고 한다.

4. 1년 중 36.5일간 가정에 문제가 발생한다.

예) 갈등과 다툼이 36.5일간 지속된다면?

5. 70년 중 7년 동안 미해결의 문제로 고통당한다.

예) 질병, 억압, 방탕, 죄의 권세에 복종하는 삶을 산다면?

☞ 사례연구 A

최근 미국의 A 한인교회는 부흥집회를 개최하였다. 강사 목사님은 연예인들을 대거 거느리고 와서 간증 및 신유집회를 열었고 청소년들은 연예인의 싸인을 받으려고 북적거렸다. 집회에서는 신기한 기적이 일어났다. B 장로님은 요통이 나았고 C 권사님은 만성 두통이 물러갔다고 했다. 성도들은 하나님의 은혜를 찬양하였지만 모든 사람들이 다 병고침을 받은 것은 아니었고 이런 집회를 원치 않는 일부 성도들은 집회에 불참하였다.

※ 해석

하나님은 기적을 베푸시기도 하지만 모든 사람에게 똑같은 기적을 베풀어 주지 않으십니다. 그렇다면 그것은 기독교적 치료지 기적이 아닐 것입니다. 또한 늘상 하나님께 기적을 원하는 것은 건전한 신앙이 아닙니다. 예수님도 "악하고 음란한 세대가 표적을 구한다(마 12:39)"고 말씀하셨습니다. 또한 하나님이 늘 기적을 베푸시는 것을 통해서만 믿음을 일으키신다면 우리에게 주신 생의 다른 원리들을 스스로 부정하시는 것이 될 것입니다. 곧

1. 평소 관리의 중요성
2. 건전한 생활
3. 인간 상호 간의 보살핌
4. 과학 의료 기술
5. 고통이나 문제에 대한 해결력

같은 것이 그것입니다. 온전한 믿음이란 기적을 바라기 전에 우선적으로 이미 베풀어 주신 삶의 원리를 소중히 여기고 지키는 것입니다.

☞ 사례연구 B

두 소녀가 학교에 가고 있었다. 두 소녀는 지각을 하기 일보 직전이었다. 수업을 시작하는 종이 울릴 때가 점점 더 가까워졌다. 이들은 이미 여러 번 지각을 했기 때문에 오늘도 지각을 하게 된다면 결과가 심상치 않으리라는 것을 잘 알고 있었다. 불안해질 대로 불안해진 소녀중 하나는 친구에게 가까이에 있는 구덩이로 들어가 하나님께 늦지 않게 해달라고 기도하자고 제안했다. 다른 소녀는 좀 더 현실적인 제안을 했다. 기도를 하되 뛰어가면서 해야 한다고 말했다.

※ 해석

게으름이나 준비 소홀을 단번에 해결할 수 있는 능력이 믿음이라고 여겨서는 안됩니다. 어쩌다가 기도가 현실로 나타나 문제가 단번에 해결될 수도 있습니다. 우선, 하나님이 급박한 사정과 형편을 아시고 바로 응답하실 수도 있습니다. 그런가 하면 우연의 일치로 담임선생님한테 어려운 문제가 생겨 아침조회가 10-30분 늦어질 수 있을 것입니다. 그러나 늘 이런 식으로 기적을 구한다면 그것은 나태하고 이기적인 신앙의 행태가 될 것입니다. 온전한 믿음이란 성실을 다하면서 하나님의 도움을 구하는 것입니다.

● 불완전한 믿음을 극복하려면?

1. 내 생각을 극복해야 합니다(마 7:26). 예수의 말씀을 듣고도 행하지 못하는 까닭은 내 생각과 맞지 않기 때문임으로 내 생각을 극복해야 합니다.
2. 예수께서 주시는 멍에를 메고 따라야 합니다(마 11:29-30).

● 결 론

믿음은 단순한 동의나 "그렇게 되었으면 좋겠다"는 바람이 아닙니다. 더 나아가서는 좋은 의도나 아이디어도 아닙니다. 결단과 헌신이 없는 좋은 생각은 아무런 열매도 맺을 수가 없습니다. 우리는 예수께 호감을 가졌다거나 예수의 말씀이나 생애를 좋아한다는 것으로 자신에게 믿음이 있다고 착각해서는 안됩니다. 아무리 좋은 의도라 할지라도 지속적이고 꾸준한 행동과 실천 인내와 헌신이 없이는 아무 것도 이루어질 수 없습니다.

● 나눔의 시간

불완전한 신앙의 결과로는 어떤 것들이 있겠습니까?

Part 32 - 온전한 믿음

● 성경봉독, 찬송, 기도

다음에서 믿음의 결과로 여겨지는 것을 고르십시오.

물질	성장	평탄	무사	지혜	능력	안전	인격	인정
영예	사랑	개혁	정의	봉사	치료	전도	책임	치유
장수	긍휼	자유	건강	안정	용납	환경	완벽	성결

☞ 같은 믿음을 가진 사람이라도 실제 생활에서 보이는 태도는 여러 가지입니다.

1. 행동하는 사람

이 사람은 믿는 바에 따른 가치를 위해 행동합니다.

2. 분노하는 사람

믿음의 결과는 안전이라고 믿는 사람은 안전이 위협당하면 분노합니다.

3. 지체하는 사람

믿음의 결과로 여겨지는 것을 언제까지나 기다리는 사람입니다. 주로 기복주의적 신앙을 가진 사람들이 이런 경향을 보입니다.

※ 이밖에 잘못된 신앙의 행태로 환상에 빠져 사는 사람, 현실에서 고립되는 사람, 시간이나 재능을 허비하는 사람이 있을 수 있습니다.

● 온전한 믿음의 원리들

1. 하나님은 우리의 성장을 원하신다.

____ (엡 4:13)

믿는 자에게 평탄한 삶이 보장되는 것은 아닙니다. 그러나 어떠한 경우에도 신앙인은 계속 성장해 갑니다. 그리고 그것이 하나님의 뜻입니다.

2. 하나님이 복을 약속하셨지만 복은 다르게 나타난다.

______________________________ (시 23:1)

사람들은 흔히 마음 속으로 정해 놓은 축복의 전형이 있습니다. 곧 본인이 원하는 축복받은 자라고 생각하는 조건이 있다는 것입니다. 그러나 하나님은 다양하게 축복하십니다. 또한 축복 중의 축복은 하나님과 동행하는 삶입니다.

3. 하나님은 행동하는 신앙을 원하시지 행위로 구원받는다고 하지 않으셨다.

______________________________ (롬 3:27-28)

행동하는 신앙이 중요하지만 곧 그것이 구원의 충분조건이 될 수는 없습니다. 행위가 자기 의가 된다면 잘못입니다. 누구든 자기 행위를 자랑해서는 안됩니다 .

4. 완전한 신앙이 완벽한 삶을 보장하지 않는다.

______________________________ (빌 4:12)

어떤 분들은 좋은 신앙은 완벽한 삶을 이루어야 한다고 생각합니다. 어떤 분들은 심지어 결혼 전에 배우자의 직업, 외모, 키까지 세밀하게 기도해야 한다고 조언합니다. 그러나 내가 생각하는 완벽한 삶과 하나님의 계획은 다를 수 있습니다.[2] 어떠한 인도이든 하나님께 전적으로 의뢰하고 최선을 다하는 것이 요구됩니다.

---

2 스티븐 아터번, 젝 펄톤은 '해로운 신앙' 59쪽에서 온 가족이 함께 교회 출석하는 것이 완전한 모습이라고 생각한 중년가장의 이야기를 통해 완벽주의의 함정과 허상을 논하고 있다.

5. 세상의 방법을 사용하는 것은 비신앙적인 것이 아니다.

____ (눅 24:41-43)

어떤 목회자들은 종종 성도들에 대한 권위와 통제력을 잃을 것을 염려하여 모든 문제를 교회 안에서만 해결하려고 합니다. 심지어는 상담 및 의학적인 치료를 받는 행위를 "믿음이 없다"고 책망하는 사람들도 있습니다. 그러나 의학이나 과학의 실제적인 도움을 받는 것이 전혀 비신앙적인 것은 아닙니다. 그것도 하나님의 도움의 방법인 것입니다.

6. 소명은 공동체적으로도 임하며 역사와 현실에서 깨닫는 개인의 책임으로도 나타난다.

____ (요 20:29)

더러 내게 개인적으로 말씀하기 전까지는 절대 아무 것도 하지 않겠다는 사람들이 있습니다. 곧 개인적으로 어떤 결정적인 부르심의 체험이 없으면 안된다는 생각입니다. 그러나 말씀과 현실 가운데에서 나를 향한 하나님의 뜻을 찾는 것이 겸손하고 신실한 믿음입니다. 하나님은 당신의 뜻을 다른 이들을 통해서 전하시기도 하십니다.

7. 어떤 경우에도 하나님은 나를 포기하지 않으시고 사랑하신다.

____ (요 10:28-29)

하나님의 사랑은 우리의 조건에 구애받지 않으십니다. 우리의 실수와 허물에도 불구하고 하나님은 구원을 포기하지 않으시고 우리를 향한 사랑을 멈추지 않으십니다.

● 결 론

여기 한 예화가 있습니다. 어떤 사람이 기도 중에 자동차를 세차해야겠다고 생각하고 있었는데 갑자기 세찬 비가 내려서 자동차가 깨끗이 세차되었습니다. 얼마 후 창고를 새로 신축하기로 하고 헌 창고를 어떻게 헐까 궁리하고 있었는데 번개가 치더니 화재가 나서 창고가 말끔히 불에 타 전소되었습니다. 그는 이 모든 것이 하나님의 기적적인 도우심이라고 생각하고 어느날 고구마밭에 앉아 있었습니다. 지나가던 이웃이 "거기서 무얼하고 있느냐?"고 물었더니 "하나님께서 지진을 일으키셔서 고구마가 땅속에서 다 튀어나오기를 기다리고 있다"고 했다는 것입니다. 물론 세상 일 가운데에 하나님께서 주관하지 않으시는 일은 없고 하나님의 은혜가 아닌 일이 없지마는 삶 속에서 요행을 바라고 나만을 위한 기적을 바라는 것은 올바른 신앙이라고 말할 수 없습니다. 모든 상황 속에서 하나님의 선함을 신뢰하고 나태하지 않고 낙심하지도 않으며 언제나 최선을 다하는 모습이 요구됩니다.

● 나눔의 시간

우리가 각자 삶 속에서 경험했던(경험하는) 은총에 대해 나누어 봅시다.

Lesson 17
교회란 무엇인가

요 절 (마 16:18) 찬 송: 평화 내려 주옵소서(스코틀랜드)

"또 내가 네게 이르노니 너는 베드로라 내가 이 반석 위에 내 교회를 세우리니 음부의 권세가 이기지 못하리라"

Part 33 - 교회에 대한 시각들

● **되돌아보기**

1. 잘못된 믿음에는 어떠한 것들이 있을까요? 잘못된 믿음은 어떤 결과들을 가져오겠습니까? 다음을 설명해 봅시다.

가. 분노

나. 지체

다. 환상

라. 고립

마. 허비

2. 온전한 믿음을 위한 원리들은 어떤 것들이 있습니까?

가.

나.

다.

라.

마.

바.

사.

● **들어가기**

하나님은 우리를 교회 공동체의 일원으로 불러 주셨습니다. 기독교 신앙에서 개인주의가 설 자리는 없습니다. 예수께서는 친히 교회의 머리가 되셨습니다(골 1:18). 교회는 불완전하고 연약하지만 하나님은 교회를 귀히 여기시고 선교의 역사에 사용하여 주십니다. 교회에 대한 비판과 불만이 있을 수 있지만 사람이 완전해서 교회를 이루는 것이 아니고 부르시는 분의 거룩하신 섭리가 있기에 교회가 중요한 것입니다. 즉 교회의 완전성과 거룩성은 오로지 예수 그리스도와의 결합, 예수 그리스도께 대한 순종으로만 성취될 수 있는 것입니다.

● **다음에 대해 의견을 나누어 보십시오.**

1. 하나님과 올바른 관계를 맺기 위해 교회의 중재가 필요하다.(　　　)
2. 목회자는 제사장 역할을 감당한다. (　　　)
3. 구원받은 그리스도인이라면 누구든지 교회에 속해 있다. (　　　)
4. 교회가 커지는 것은 하나님 나라를 확장하는 것이다. (　　　)
5. 교회는 궁극적으로 하나이다. (　　　)
6. 교회 바깥에도 구원의 가능성이 있다. (　　　)
7. 성경이 진리이듯이 교회의 결정도 무오하다. (　　　)
8. 교회는 하나님의 심판의 대상이 되지 아니한다. (　　　)
9. 교회에 충성하는 것은 하나님께 충성하는 것과 똑같다. (　　　)
10. 교회의 첫 번째 사명은 교인수를 늘리는 것이다. (　　　)

● 교회는 왜 존재하는가?

귀하가 생각하는 교회의 존재 이유를 적어 보십시오.

행복	의미	구원	변화	교제	안정	치유
봉사	진리	예배	선교	천국	축복	은혜

※ 교회의 일이란 결국 주님의 일이며 그것이 본질적인 일임을 알 수가 있습니다. 이것이 교회가 존립하는 이유입니다.

● 교회에 대한 논의들

1. 교회는 구원하는 기관이다.

교회는 예수께서 세상을 구원하라 하신 사명을 전담하는 곳으로 구원을 위한 교회의 사명과 유일성을 강조하는 학설입니다.

2. 교회는 사건이다.

교회도 불완전한 공동체로 오직 성령의 감동하심을 받고 순종할 때만 참교회상이 구현될 수 있기 때문에 교회는 상존하는 기관이 아니라 하나의 사건이라는 주장입니다.

3. 교회는 '사건'이며 '기관'이다.

인류 구원을 위한 교회사명의 유일성을 강조하면서 동시에 성령의 충만함을 받아야 함을 강조하는 주장입니다.

4. 교회는 사회화(구체화)의 형식이다.

교회는 교회 자체로서 가치가 있는 것이 아니라 복음을 구체적인 삶으로 적용해 나가는 과정을 통해 그 가치를 실현해 나갈 수 있다는 주장입니다.

5. 하나님을 아버지로 가진 자는 반드시 교회를 어머니로 가져야 한다.

중세 카톨릭적인 주장이며 오늘날 다수의 기독교 목회자들도 이러한 입장을 고수하고 있습니다. 곧 하나님을 아버지로 고백하는 사람은 반드시 교회의 일원이 되어 그 지도를 받으며 책임을 감당해야 한다는 것입니다. 일견 당연한 이론이지만 지나치게 교회의 유일성을 강조하고 권위주의에 빠지고 있다는 비판을 받기도 합니다.

※ 위 다섯 개의 견해를 바탕으로 바람직한 교회상에 대해 이야기해 봅시다.

☞ 체크 리스트 – 나의 관계성의 점수는?[1]

하나님과의 관계	1	2	3	4	5	6	7	8	9	10
교회와의 관계	1	2	3	4	5	6	7	8	9	10
성도들과의 관계	1	2	3	4	5	6	7	8	9	10
이웃들과의 관계	1	2	3	4	5	6	7	8	9	10
동료들과의 관계	1	2	3	4	5	6	7	8	9	10
부모와의 관계	1	2	3	4	5	6	7	8	9	10
나 자신과의 관계	1	2	3	4	5	6	7	8	9	10

이 진단을 통해서 우리가 교회에 다니며 지역교회에 소속되어 있다는 것이 복음적인 기독교인임을 보증하지는 못한다는 것을 알 수가 있습니다.

1 최근 미주에서는 Relationship Theology(관계신학)이 조명을 받고 있다. 곧 신앙이란 이웃과 사회와 좋은 관계를 맺는 것이며 복음전파도 이러한 접근방법을 택하는 것이 옳다는 주장이다.

● 교회의 기원과 목적

1. 그리스도를 통해서 존재하고(마 16:18)
2. 그리스도를 전하기 위해, 그리스도께서 부탁하신 일을 위해 존재합니다 (갈 1:12).

● 결 론

교회에 대한 시각과 고백은 다양합니다. 그러나 명백한 것은 그리스도가 교회를 세우셨으며 교회의 존재목적은 개인이나 교파에서 나오는 것이 아니라 그리스도에게서 비롯된다는 것입니다. 우리는 그리스도 중심적인 신학과 신앙고백을 가지고 교회의 일치와 사명을 위한 협력을 모색하여야 합니다. 그러기 위해서 개교회주의와 은혜의 사유화, 교회의 세속적 권력화를 극복해야만 합니다.

● 나눔의 시간

"나는 어떻게 기독교인이 되었으며", "왜 교회에 다니는가"에 대해 각자의 경험과 입장을 이야기해 봅시다.

Part 34 - 교회의 탄생

● **성경봉독, 기도, 찬송**

● **교회를 만든 역사적 사실들**

1. 예수 그리스도의 부활

______________________________ (고전 15:14-15)

그리스도의 부활을 통해서 그의 고난과 죽음의 신비가 밝혀졌고 구원의 의미도 명확해졌습니다. 그리스도의 부활이라는 역사적 사실과 그가 우리의 구세주라는 신앙고백 위에 교회는 세워졌습니다. 예수 그리스도의 부활은 다음을 증거합니다.

가. 그의 죽음이 순전히 죄인의 속량을 위한 것이었다는 것입니다.
나. 그가 하나님의 아들이라는 사실입니다.
다. 말씀대로 장차 다시 오실 메시아라는 것입니다.

2. 성령

______________________________ (행 2:1-4)

가. 예수 부활 이후에도 제자들은 여전히 인간적으로 연약했습니다.
나. 성령은 예수의 영으로 그들에게 왔으며 확신과 복음에 대한 권위를 주었습니다.
다. 은사들을 주었습니다.

3. 선교사명

______________________________ (마 28:18-20)

예수 그리스도께서 맡기신 사명이 교회를 교회되게 했습니다. 제자들은 구세주 예수를 전하고 천국의 복음을 전하기 위해 기꺼이 세상 끝까지 라도 나아갔습니다. 그들의 순교와 헌신 위에 교회는 세워졌습니다.

● 교회에 대한 도전들

1. 교회 자체

교회 자체의 생존과 기득권을 위한 몸부림이 교회에 대한 큰 도전이 됩니다. 십자가보다 영광을 추구하는 교회가 되어서는 안됩니다.

2. 자기 의

교회와 성도에게 능력과 의가 있어서 구원의 역사를 이루는 것이 아닙니다. 구원의 능력은 오직 그리스도께만 있습니다. 주의 일을 한다는 것이 자기 자랑이 되어서는 안될 것입니다.

3. 성공주의 철학

교회의 완전주의는 세속적인 성공주의로 나타나곤 합니다. 거기에는 인간의 탐욕이 도사리고 있습니다.

4. 세속문화

이 시대의 문화는 다분히 감각적이고 오락적인 경향을 나타냅니다. 어느덧 교회의 예배도 소비적이고 자극적인 문화의 영향을 받고 있습니다.

5. 이단신앙

복음을 왜곡하고 성도를 현혹하여 맹목적이고 허황된 비기독교적인 신앙으로 끌고 가는 부류들이 있습니다.

※ 위 항목 중 1-3은 교회 내부적인 도전이고, 4-5는 외부적인 도전이라고 볼 수 있습니다. 각자의 견해를 나누어 봅시다.

● 결 론

세상에는 위대한 비전만이 있을 뿐 위대한 조직이나 인간은 없습니다. 교회를 위대하게 만드는 것은 외형적인 모습이 아니라 성령의 인도와 미션에 대한 헌신과 충성입니다. 위대한 교회를 지상에 만들겠다는 열심은 성공주의와 세속주의와 결탁하여 기형적인 교회로 나타나곤 합니다. 또한 예수 그리스도가 유일한 구세주라는 배타성이 교회의 배타성의 이유와 변명이 되어서도 안됩니다. 예수께서는 베들레헴의 마구간에 나셨으며 예루살렘 입성 시 나귀를 타셨습니다. 그것은 그분의 겸손함을 보여 줍니다. 오늘날 교회도 예수 그리스도의 겸손을 따라 행해야 할 것입니다.

● 나눔의 시간

오늘날 교회에 도전해 오는 세력에 대하여 우리가 더욱 관심을 기울이고 힘을 쏟아야 할 분야가 무엇이라고 생각합니까?

Lesson 18
교회는 왜 존재하는가

요 절 (엡 4:15-16) 찬 송: 내 영혼이 내 영혼이(프랑스) 외

"오직 사랑 안에서 참된 것을 하여 범사에 그에게 까지 자랄지라 그는 머리니 곧 그리스도라 그에게서 온 몸이 각 마디를 통하여 도움을 받음으로 연결되고 결합되어 각 지체의 분량대로 역사하여 그 몸을 자라게 하며 사랑 안에서 스스로 세우느니라"

Part 35 - 성장의 목표

● 되돌아보기

1. 교회를 만든 역사적 사건들은 무엇입니까? 또한 오늘날 우리에게 더욱 신앙적 성찰이 필요한 부분은 무엇이라고 생각합니까?

가.

나.

다.

2. 오늘날 교회의 도전이 되는 것들은 무엇입니까?

가.

나.

다.

라.

마.

● 들어가기

세상에 교회는 도대체 왜 필요할까요? 교회는 왜 존재하려고 하는 것일까요? 각 교회가 교회 자체를 위해 존재하려고 몸부림치는 것은 무의미합니다. 교회의 존재 이유가 명확하지 않다면 교회는 다만 하나의 건물이 되고 말 것이며 교회의 모임은 또 하나의 친목단체나 소비적인 단체가 되고 말 것입니다. 세상의 어떤 조직도 일단 설립이 되면 부단히 생명을 유지하기 위해 애쓰는 속성을 가지고 있습니다. 교회가 반드시 존재해야 한다면 존재 이유가 명확해야 하고 세상의 어떤 한계 상황도 극복할 수 있어야 할 것입니다.

● 그룹토의 – 교회에 다니는 이유들

내가 교회에 다니는 이유	
다른 사람들이 교회에 다니는 이유	
교회에 다녀야 할 이유(전도 시)	

● 교회는 왜 존재하는가?

교회의 존재 이유는 생존본능에서가 아니라 하나님의 구원 역사의 필연에서 찾아야 합니다. 그것은 교회의 머리가 되시는 예수 그리스도에 대한 전적인 신앙에서만 가능합니다. 역사 속에서 쇠퇴하고 사라져 간 교회는 그 신앙이 확고하지 못했기에 소멸된 것입니다. 우리가 이 질문에 직면할 때 교회의 설립 근거와 교회의 사명에 대해 필연적으로 돌아보게 됩니다.

1. 모이는 교회 – 오라!

가. 예배

____ (계 4:10-11)

나. 구원의 경험을 나눔

____ (행 2:42)

다. 영원한 삶을 연습함

____ (요일 5:13)

2. 흩어지는 교회 – 가라!

가. 선교

____ (막 16:15)

나. 이웃사랑

____ (눅 10:27)

다. 선한 싸움

____ (딤전 6:12)

'교회는 왜 존재하려고 하는가?'라는 질문은 필연적으로 교회(나)와 하나님, 교회와 세계를 연관시킬 수밖에 없습니다. 교회는 단독적으로 존재 이유를 찾을 수 없기 때문입니다.[1]

---

1 이유 중에서 몇 가지는 부분적으로 다른 교의학적 문제영역에 있는 신학적 이유 때문에 제외되고 만다. 예를 들면 교회를 구원의 방주로 생각하는 것은 필연적으로 제외된다.

● 참된 교회의 부흥이란?

1. 내적인 부흥

성령께 감동되어 하나님의 마음을 알고 충만한 상태를 의미합니다.

2. 목적의 부흥

교회의 존재가치와 의미를 잊어버리지 않고 세상에서 시험과 환란을 당할수록 더 확고해지는 것을 의미합니다.

3. 부흥의 목표

숫자와 크기와 규모가 아니라 모든 성도의 영적 상태가 그리스도를 닮는 것이 최종적인 목표입니다 .

● 결 론

오늘날 성공주의 철학의 영향으로 교세와 교회의 규모가 곧 교회의 존재의미가 되어버리고 있습니다. 그러나 외적으로 보이는 것이 교회의 참모습이 될 수 없으며 외적인 모습에 치중하다가 내적 능력을 잃어버리고 쇠퇴해 간 교회도 많습니다. 작아도 진정한 교회가 있고 크지만 위태로운 교회도 있을 수 있습니다. 교회부흥과 성장의 최종적 목표는 교회의 머리가 되시는 그리스도를 드러내고 그분의 뜻을 온전히 이루는 것이 되어야 합니다.

● 나눔의 시간

각자가 생각하는 이상적 교회의 규모와 사역의 형태에 대해서 논의해 봅시다.

Part 36 - 참 교회를 세웁시다

● **성경봉독, 기도, 찬송**

● **명 제 1**

예수 그리스도는 교회 안에서만이 아니라 사회의 모든 영역에 의미를 주시기 위해 오셨다. (요 3:16-17)

예수께서는 사회 전 영역에 의미를 밝히시기 위해 오셨습니다. 하나님이 나의 영역이 아니라고 말씀하시는 곳은 없습니다. 예수는 교회의 머리가 되시지만, 교회의 머리만 되시는 분이 아닙니다. 예수께서는 삶 전체에 대해서 말씀하셨고 성전 안에서의 삶만을 말씀하지 않으셨습니다. 예수께서는 인간 삶의 전 영역을 구원하시기 위하여 오셨습니다.

● **명 제 2**

예수님의 가르침은 교세를 확장하라는 것이 아니며 복음은 제도가 아닌 삶이다. (마 5:16)

예수께서는 교회를 제도화하지는 않으셨습니다. 제자들을 부르시고 보내신 것이 전부입니다. 또한 복음은 언제나 질적인 것을 이야기하지 양적인 것에 치중하지 않습니다. 교회는 교회 자체를 위해 존재하지 않으며 교회의 대형화가 곧 천국의 확장은 아닙니다. 교회는 그리스도의 종으로 쓰일 뿐입니다. 그러므로 교회의 외형을 그리스도의 영광으로 잘못 확대해석해서는 안됩니다. 그뿐 만이 아니라 그리스도께서 율법을 성취하시고 자유를 주셨는데 교회가 다시 복음을 율법적 삶으로 바꾸어서는 안됩니다.

● 명 제 3

교회의 존재는 세상의 빛이요 소금이 되라는 것이다. 교회는 세상에서 고립되어 하나님만을 위한다는 착각에 빠져서는 안된다. (마 18:12-14)

교회 존재 자체가 역사적이고 사회적입니다. 그러므로 사회에서 고립되어 수도원처럼 수련생들의 금욕과 훈련에만 힘쓴다면 그것은 교회의 존재 이유를 부정하는 것이 될 것입니다. 하나님을 예배한다는 것은 우주적이고 역사적인 삶에 대해 참여하는 것입니다. 예배에서 우리는 하나님과의 수직적인 만남과 세상과의 수평적인 만남을 동시에 체험합니다.

● 교회에 대한 그림들

1. 보이는 교회와 보이지 않는 교회

우리의 눈으로 볼 수 있는 교회는 완전한 교회의 그림자입니다. 보이는 교회의 영광을 추구하지 말고 보이지 않으나 영으로 살아계신 하나님이 머무시는 교회를 만들어야 합니다. 마르틴 루터는 영보다도 말씀의 우월성을 강조했습니다. 교회는 사도를 계승하는 자들이 아니라 그리스도가 하나님의 아들이심을 고백하는 자들이라는 것입니다. 어디서든지 말씀이 있는 곳에 교회가 있다는 것입니다. 보이는 건물로서의 교회가 진정한 교회가 아니라는 것입니다. 말씀이 있고 주의 영이 역사하는 곳에 교회가 나타납니다.

2. 순간의 교회와 영원한 교회

이 세상의 교회는 순간적입니다. 그 영광이 순간적이고 기한이 한계적입니다. 영원한 교회는 언제나 미래적이며 하늘에 있으며 그리스도의 통치 때에 나타납니다. 그러므로 교회는 자신의 현세적 영광에 스스로 만족하지 말고 오직 그리스도의 빛을 비추는 데 온 힘을 기울여야 합니다. 영원한 교회에는 믿음의 조상들과 순교자들과 개혁자들이 속해 있는 본질적 교회입니다.

3. 지역교회와 세계적 교회

세상교회는 교파와 인종, 지방의 색깔을 지니고 있습니다. 지역교회도 나름대로의 소중한 사명이 있고 존재의 이유가 있습니다. 그러나 지역교회나 개교회가 당파적이고 분열적인 모습을 보일 때가 자주 있는 것도 사실입니다. 그러므로 그리스도를 머리로 하는 세계적 교회를 위해 자기를 십자가에 못박아야 합니다. 곧 지역성과 종파성을 극복해서 협력해야 합니다.

● 결 론

우리는 다음의 질문에 대해 신앙적인 답변을 할 수 있어야 합니다.

첫째, 그리스도는 교회에 어떤 관계를 맺고 있는가?

그리스도는 교회의 머리가 되셔서 모든 것을 계획하시고 주관하신다는 것입니다. 그러므로 그분께 모든 주권을 드려야만 합니다.

둘째, 그리스도에 대해 교회는 어떤 관계를 맺고 있는가?

교회는 그리스도를 떠나서 존재할 수 없고 그리스도를 위하여 존재한다는 것입니다.

셋째, 우리는 서로 어떤 관계를 맺고 있는가?

우리는 그리스도를 안에서 연합하고 그리스도를 향해 성장해 나가야 할 관계라는 것입니다.

넷째, 우리는 세상에 대해 어떤 관계를 맺고 있는가?

주께서 역사의 주로 오셨으며 섬김의 도를 보여 주신 것에서 답을 얻어야 합니다.

● 나눔의 시간

귀하께서 교회의 ○○○이 되어 주세요. 그룹원끼리 임명해 봅니다.

직 책	기 능	해소해야 할 문제	임명 이유
예배 위원장	참신, 영성 깊은 예배		
친교 위원장	교인들 간의 친교		
구제 위원장	도움과 섬김의 정신		
정책 위원장	교회의 모든 정책		
문화 위원장	주보, 발간물, 홍보		
선교 위원장	선교 정책 수립, 시행		
교육 위원장	교육기관, 성경공부		
예술 위원장	예술-예배 선교접목		

Lesson 19
선교의 의미

요 절 (행 1:8) 찬 송: 얼마나 오래(아르헨티나) 외

"오직 성령이 너희에게 임하시면 너희가 권능을 받고 예루살렘과 온 유대와 사마리아와 땅끝까지 이르러 내 증인이 되리라 하시니라"

Part 37 - 무엇을 위한 선교인가?

● **되돌아보기**

교회의 존재 이유에는 어떤 것이 있었습니까? 그리고 검토해 본 결과 최종적으로 명확화된 교회의 존재 이유는 무엇이었습니까?

1. 모이는 교회

가.

나.

다.

2. 흩어지는 교회

가.

나.

다.

● **교회에 대한 그림들은 어떤 것들이 있었습니까?**

1. 보이는 교회와 보이지 않는 교회

2. 순간의 교회와 영원한 교회

3. 지역적 교회와 세계적 교회

● 들어가기 - 내가 생각하는 선교란?

시대마다 하나님께서 계획하신 선교의 의도가 있었습니다. 곧 해방과 구원, 자유와 치유, 축복과 정의, 자비 같은 것이었습니다. 우리는 선교의 주체가 되시는 하나님의 선교정신에 부응하는 교회가 되어야만 합니다.

협의적 의미	광의적 의미

● 하나님의 선교(Missio Dei)신학

선교의 주체는 하나님이십니다. 하나님께서 아브라함을 찾아오셨고 모세를 통해 이스라엘을 애굽에서 불러내셨으며 예언자들을 통해 말씀하셨습니다. 그리고 때가 차매 예수 그리스도를 이 땅에 보내셨습니다. 교회는 하나님의 선교의 도구에 불과합니다. 교회는 교회를 위해 존재하는 것이 아니며 하나님의 선교를 위해 존재합니다. 더 나아가 온전한 교회는 하나님께서 이루십니다. 그리하여 하나님과 교통하고 하나님께 복종할 때 교회가 되는 것입니다. 선교란 단순히 전도하여 교회로 인도하는 것이 아니라 하나님의 나라와 의를 세상에 구현해야 하는 더 높은 차원의 것입니다.

1. 인간화입니다.

과거에는 선교(교회)의 목적이 그리스도와 그의 교회를 통하여 인간을 하나님께로 데려오는 것이라고 생각했었습니다. 그러나 오늘날 심각한 비인간화 현상은 교회 바깥은 물론 교회 안에서도 자주 발견되고 있습니다. 그러므로 이 질문이 오히려 참된 사람에 대한 질문이 되었고 그렇기 때문에 선교적인 교회 공동체의 결정적인 관심은 그리스도의 사람됨(Menschlichkeit)을 선교의 목표로 제시하는 데 있지 않으면 안 되게 되었습니다. 곧 하나님이 태초에 당신의 형상대로 창조하셨고 참사람이 되신 그리스도를 통해서 회복시키고자 하셨던 그 모습을 찾는 것이 선교의 목표가 된 것입니다.

2. 세상화(세속화)입니다.

교회는 세상을 위하여 있습니다. "너희는 세상의 빛이요 소금이라(마 5:13-14)"라고 예수께서는 말씀하셨으므로 교회는 세상에서 자기 역할을 다해야 합니다. 교회는 '건전한' 세상의 주창자입니다. 교회의 사명은 세상에서 교회적 기반을 확장하는 것도 아니고 단지 선교부서의 목표를 달성하는 것도 아닙니다. 또한 심판자의 눈으로 세상을 바라보며 자선행위를 하는 것도 아닙니다. 오히려 예수께서 친히 세상의 곳곳을 찾아가셔서 저들에게 하늘나라를 가르치시고 초청하시며 뿐만 아니라 저들의 아픔을 나누신 삶을 살아가야 합니다.

3. 의식화(문화화)입니다.

선교는 그리스도인이 잃어버린 하나님의 형상을 찾아가도록 세상을 가르치고 권하며 그리스도의 사랑을 실천하는 가운데 인간화를 계몽하고 의식을 형성하는 일을 해야 합니다. 전도는 교인의 숫자를 늘리기 위한 방법이 되어서는 안 되며 새로운 삶으로의 초대가 되어야 합니다. 하나님의 관심과 뜻대로 세상을 권하고 가르치며 실천하여 어느덧 저들도 그리스도를 따르는 삶을 살도록 돕는 것이 되어야 합니다. 바울사도가 '그리스도를 아는 것이 가장 고상하여(빌 3:7-9)' 어느덧 그를 따르는 것이 목표가 되고 생활이 된 것처럼 말입니다.

● 선교에 대한 관점들

1. 전통적 관점들

가. 전도(눅 14:23, 눅 15:7, 막 16:15)

나. 교훈 – 가르침과 지킴(마 28:20)

다. 세상의 기독교화 및 교회화

2. 더 고려되어야 할 관점들

가. 빛과 소금(마 5:14)

나. 선한 행실(마 5:16)

다. 예수님의 선교모범(마 11:4-5, 마 5:9)

3. 선교의 구체적 행위들

가. 무지에서 – 지식으로

나. 야만에서 – 지성으로

다. 질병에서 – 치유로

라. 억압에서 – 자유로

마. 거짓에서 – 진리로

바. 가난에서 – 풍요로

바. 폭력에서 – 긍휼로

● 결 론

이슬람권이나 불교권에 대한 선교에 대해 교회 바깥의 비판이 있습니다. 왜 다른 나라의 문화, 풍습, 종교에 대해 관여하느냐는 것입니다. 제국주의적이고 정복자적인 선교는 지양되어야 하고 각 나라, 민족의 전통과 풍습은 존중되어야 합니다. 그러나 창조주 하나님께 대한 지식과 그리스도를 알리는 것과 야만과 폭력에서 그들을 자유롭게 하는 것 또한 인간의 죄성과 지성의 한계를 깨닫고 하나님께로 돌이키게 하는 것 모두가 선교의 영역이므로 선교는 계속되어야 합니다.

● 나눔의 시간

선교는 누구를 위한 것이라고 생각합니까? 오늘날 교회의 선교에서 나타나는 문제점은 무엇이라고 생각하십니까?

Part 38 - 선교의 주체는 하나님입니다

● **성경봉독, 기도, 찬송**

● **선교의 의미**

1. 관심입니다.

______________________________ (출 3:7)

2. 사랑입니다.

______________________________ (요 3:16)

3. 치유입니다(전인적인 치유).

______________________________ (마 9:12-13)

4. 새로운 관계를 이루게 하는 것입니다.

______________________________ (요 1:13)

5. 생명을 주는 것입니다. ― 생명은 그리스도 안에 있습니다.

______________________________ (요 10:10)

● **결 론**

선교를 계획하시고 주도하시는 분은 하나님이십니다. 그러므로 우리는 하나님의 마음을 읽어내야 합니다. 선교는 교회의 독점물이 아닙니다. 선교의 의미는 포괄적입니다. 예수께서는 죄와 잘못된 인습, 욕망과 타락, 파괴와 죽음으로부터 인간에게 해방을 주시고 자유를 주시며 치유를 행하시며 생명을 주시기 위해 오셨습니다. 그리고 영원한 생명을 누리게 하시기 위해 오셨습니다. 모든 민족이 하나님의 사랑을 알고 사랑 안에서 거하도록 하는 것은 세상 끝까지 지속되어야 할 것입니다. 그러므로 선교는 우리의 사명입니다.

● 나눔의 시간 - 나의 선교 비전을 나누어 보십시오. 각자가 선호하거나 책임을 느끼는 대로 지역과 대상과 성격과 이유를 정해 보십시오.

지 역	대 상	성 격	이 유
아프리카	회 교 권	문화선교	용 이 성
아 시 아	불 교 권	의료선교	친 밀 감
중 동	유 교 권	구제선교	부 담 감
유 럽	공 산 권	교육선교	사 명 감
아메리카	기독교권	복음전도	은 사
북 한	원시종교권	직장선교	언 어
우리나라	카톨릭권	선린선교	건 강

Lesson 20
나를 따르라

요 절 (마 16:24) 찬 송: 저 푸른 언덕(흑인 영가)

"이에 예수께서 제자들에게 이르시되 누구든지 나를 따라오려거든 자기를 부인하고 자기 십자가를 지고 나를 따를 것이니라"

Part 39 - 주님은 오직 한 분 예수

● 되돌아보기

1. 하나님의 선교(Missio Dei)신학적 관점에서 볼 때 선교란 무엇입니까?

가. 인간화

나. 세상화

다. 의식화

2. 선교의 의미를 돌아 봅시다.

가.

나.

다.

라.

마.

● 들어가기

기존의 패러다임에서 신자의 조건이란 교회의 일원이 되는 것이었습니다. 그리고 교회의 일에 참여하는 것이었습니다. 그러나 교회봉사를 열심히 해도 신자로서 바른 의식이 결여된 사람들도 있습니다. 아무도 주를 따르기로 작정하지 않는 이상 제자가 될 수 없습니다. 주를 믿는다는 것은 곧 그분의 삶의 방식과 목표를 따르는 것입니다.

● 예수 그리스도의 부르심과 반응

1. 사람들은 주를 따르기보다는 일을 하려고 한다.

일을 하는 것과 그리스도를 따르는 것은 큰 차이가 있습니다. 내가 하고 싶은 것을 해서 은혜가 되는 것이 아니라 필요한 것을 해야 은혜가 됩니다.

2. 사람들은 주를 따르기보다는 어떤 영역을 만들려고 한다.

사람들에게는 세상에서 자신의 꿈을 성취하고 원하는 세계를 건설하고자 하는 근본적 욕망이 있습니다.

※ 축소지향적 그리스도인 — 예수께서는 세상을 향해서 "가라" 하셨고 변화산상에서도 제자들에게 "산 아래로(세상으로) 내려가자"라고 하셨지만 사람들은 복음이나 제자의 삶을 자신들만의 세계(수도원주의, 교회주의)로 축소시키려는 경향이 있습니다.

3. 사람들은 흔히 사귐보다는 보상을 원한다.

하나님께는 일 자체보다도 '나'라는 존재가 더 중요합니다. 선교에서는 선교의 결실보다도 선교의 정신이 중요한데, 선교를 통해 하나님께서는 나와 만나시기를 원하시고 동행하시기를 원하시며 나를 성숙시키기를 원하시기 때문입니다. 그러므로 선교는 그 과정에서 잠시 실패할 수 있어도 선교를 통해 찾으시고자 하는 나는 항상 열매로서 남게 되는 것입니다.

● 제자도의 패러다임 1(-으로부터, -에로의 삶)

1. 먹고 사는 존재에서 새로운 사명적 존재에로

_______________________________________ (마 6:31-33)

2. 사람과의 경쟁에서 사람을 돕는 삶으로

_______________________________________ (갈 6:2)

3. 옛 가족에서 새로운 사귐의 공동체로

_______________________________________ (요일 1:1-4)

무지, 가난, 고통, 무의미, 죽음, 질병에서 저들을 자유케 하고 자유인으로 살도록 도우라.

● 결 론

교회의 일을 하는 것보다 더 중요한 것은 그리스도를 따르는 일입니다. 앞에서 살펴본 바와 같이, 책임감과 세속적 동기에 의해서 교회에서 요구하는 일들에 많이 참여하는 성도들이 실제적으로는 그리스도를 따르지 않는 경우가 적지 않습니다. 일례로 어떤 의사는 동료의사가 기독교인이지만 환자를 대하는 태도와 근무와 일처리의 방법에 있어서 전혀 기독교인답지 않다는 지적을 한 적이 있습니다. 우리는 교회의 일을 하는 사람이 아니라 그리스도를 따라 행하는 사람이 되어야만 합니다.

● 나눔의 시간

종교개혁자들이 교회 바깥에서 행해지는 평범한 일상도 거룩한 하나님의 영역이라고 가르친 의미는 무엇이겠습니까?

Part 40 - 제자도의 패러다임

● **성경봉독, 기도, 찬송**

● **예수 그리스도를 따른다는 것은?**

1. 자기를 부인하고

이 말씀의 뜻은 자기 자신의 욕망과 아무런 관계가 없는 사람인 것처럼 행동한다는 것입니다. 자기 자신을 죽은 사람처럼 취급하고 행동한다는 것이며 자기 자신의 안전과 행복에 대한 본능적 욕구를 거부하는 것을 의미합니다. 자기의 사리사욕, 이상, 목적, 이익, 판단 등 자기로 여겨지는 모든 것들과 결별하는 것을 의미합니다.

2. 자기 십자가를 지고

자기 부인은 소극적인 의미이고 십자가는 보다 적극적인 의미입니다. 그리스도를 따르면서 자기 영광이 아니라 고난과 희생까지도 감내할 수 있는 믿음을 의미합니다. 그리고 더 깊은 생각과 믿음이 요구되는데 그것은 그리스도만이 나를 진정으로 위하신다는 것입니다. 성경에 무조건 아무 생각 없이 쫓아갔다가 낭패본 사람이 있는데 그들은 롯, 마가요한, 가롯유다 같은 사람들이고 자기를 위하다가 실패했던 사람들입니다. 예수님은 우리에게 생명을 주시는 분입니다.

3. 주의 일을 하는 것이다.

주의 일은 구원을 위한 일, 생명을 위한 일, 평화를 위한 일로서 영원한 가치가 있고 보상이 약속되어 있습니다. 예수께서는 "내 아버지께서 이제까지 일하시니 나도 일한다(요 5:17)"고 말씀하셨습니다. 주의 일을 한다는 것은 소속과 사명을 분명하게 드러내는 것입니다.

● **문장을 완성하여 자기의 생각과 감정을 표현해 보십시오.**

- 저는 예수님의 (   )이 가장 좋습니다.
- 저는 세상이 좀 더 (   )해야 한다고 생각합니다.
- 외로울 때 저는 (   )를 합니다.
- 저는 (   )할 때 가장 편안합니다.
- 저는 대개 좌절감을 (   )으로 해소합니다.
- 다른 사람의 도움을 가장 필요로 할 때는 (   )때입니다.
- 제가 가장 두려워하는 것은 (   )입니다.
- 저는 다른 사람이 (   )하는 모습을 볼 때 좋아 보입니다.
- 제가 활기를 느낄 때는 (   )때입니다.
- 제가 말하기 가장 어려워하는 느낌은 (   )입니다
- 저는 (   )에 대해 거룩한 부담을 느낍니다.
- 저는 (   )이 주님께서 요구하시는 것이라고 생각합니다.
- 제가 교회 지도자라면 (   )같은 교회를 만들겠습니다.

● **결 론 - 우리의 전망 "하나님의 나라의 실현"**

1. 우리는 영원의 시간을 연습합니다.

______________________________ (유다서 1:20-21)

2. 보이는 세계보다는 관계가 중요합니다.

______________________________ (눅 19:8-10)

3. 보이는 세계보다 하나님은 나를 더 중요하게 여기십니다.

______________________________ (마 6:30)

4. 하나님은 나를, 또 나와의 관계를 통해서 하나님의 나라를 이루시기 원하십니다.

____ (눅 17:20-21)

5. 하나님의 나라는 주님의 통치로 영광스럽게 실현됩니다.

____ (계 21:4-5)

● 나눔의 시간

각자가 패러다임 성경공부를 통해 새롭게 깨달은 점과 결심이 있다면 나누어 봅시다.

여러분은 지금까지 20(혹은 40)주 동안 패러다임호를 타고 긴 여행을 하였습니다. 그동안 여러분들은 많은 것을 보았고 느끼고 나누었습니다.

여러분들이 새로운 것을 깨달았다면 전혀 가 보지 않았던 새로운 나라를 발견한 것과 똑같은 것입니다. 그것들은 이미 존재해 왔지만 우리가 그 존재여부를 몰랐던 것입니다. 하늘나라도 마찬가지입니다.

여러분은 긴 여행을 다녀본 후에 집에 돌아오면 집이 갑자기 낯설게 느껴진 경험이 있으십니까?

우리가 평소에 익숙하던 것이 갑작스럽게 어색하게 느껴져 본 기억이 있으시지요? 이처럼 우리가 생활하는 삶의 방식과 생각의 방식은 말 그대로 삶을 살아가는 한 가지 방식에 불과한 것입니다.

우리가 철석같이 믿던 것들도 사실은 우리가 그렇게 생각하도록 훈련된 것에 불과하다는 것입니다. 프랑스에 사는 사람은 그들의 사고방식대로 미국에 사는 사람은 또 그 사람의 습관대로 익숙하게 살아갑니다.

그런데 그리스도인들은 영원한 나라로 초대된 사람들입니다. 결코 사라지지 않는 영원한 하나님과 그분의 나라와 그분이 주시는 선물이 있다는 것이 성경의 가르침이며 성경은 그것을 맛보라고 말씀합니다. 그리고 사람의 생각을 영원한 진리에 맞추어야 한다고 말씀합니다.

우리가 지금 영원한 삶을 위해 바꾸어야 할 것은 집이나 자동차만이 아닙니다. 사람이 진정 자신의 변화를 원한다면 생각을 바꾸어야 합니다. 하나님이 진정 우리에게 바꾸기를 원하시는 것은 우리의 집이 아닙니다. 여러분들이 가족이나 이웃에게 가장 훌륭한 일을 할 수 있다면 그것은 아마도 변화된 여러분이 되는 것일 것입니다. 그러나 사람들은 변화된 존재로 그들에게 나아가기보다는 선물 한 꾸러미를 사들고 가는 게 훨씬 쉽다는 것을 잘 알고 있습니다.

하나님의 나라로 초청되고 그 나라를 받아들인다는 것은 세상사람들에 대해 좀 덜 화를 내고 좀 덜 욕심을 부리는 것을 의미합니다. 그리고 좀 더 인내할 수 있다는 것을 의미합니다. 왜냐하면 그런 싸움은 대개 부질 없는 욕심에서 비롯된 때문입니다.

천국에서 오신 유일한 분 예수 그리스도께서 "나를 따르라"고 하셨기에 우리는 조금 더 그분을 따르기 위해 힘을 내야 합니다. 그리스도를 따른다는 것은 세상의 모든 영역에서 그리스도의 뜻을 이룬다는 의미입니다.

그것 외에 세상에 영원한 의미를 가지는 것은 없습니다. 그래서 어부들은 예수님의 뒤를 따라갔던 것입니다. 세상 영화도 문명도 욕망도, 마침내 보이는 교회도 사라질 것입니다. 그러나 하나님의 영원한 교회가 떠오르게 될 것입니다(계 21:2). 우리는 모두 거기에 속해 있다는 것을 믿고 여러분의 삶을 새로운 시각으로 받아들이십시오. 여러분의 하선을 배웅하면서 다음에 만날 때 더욱 아름다운 영혼의 모습으로 만나게 되길 기대합니다. 안녕히 가십시오.

세계의 찬송

1. 하늘에 계신 우리 아버지

서인도

2. 일용할 양식 주소서 거룩한 그 이름
   우리 죄를 용서해 주소서 거룩한 그 이름

3. 유혹을 끊게 하소서 거룩한 그 이름
   다만 악에서 구원하소서 거룩한 그 이름

4. 나라와 권세와 영광 거룩한 그 이름
   하늘 아버지께— 있도다 거룩한 그 이름

2. 도우소서 우리가 주님을 닮도록

2. 도우소서 우리가 주 말씀 들어서
사람답게 사는 길 찾을 수 있도록
오 주여 이제 여기 함께해 주소서
이웃을 사랑하며 살게 해 주소서

3. 예배하자 삼위가 일체신

1. 기쁨에넘치어 두손을쳐들고 목소리합하여 기쁘게외치자

창조의생활에 내생애드리고 성부와하나되 자

2. 매일의 생애에 섬김이 있도록 기도와 훈련을 꾸준히 힘쓰자
   봉사의 생활에 내 생애 드리고 성자와 하나되자
3. 생명의 음식인 주님이 계시어 우리로 한몸을 이루게 하신다
   친교의 생활에 내 생애 드리고 성령과 하나되자
4. 주 함께 계시면 모든 것 이루니 위험과 희생도 두려워 않는다
   정의의 생활에 내 생애 드리고 모두와 하나되자

가사: 예배하자 삼위가 일체신 Fred Kaan [역] 김문환, 1977
곡조: 예배하자 우리주님 스리랑카 노래

4. 주여 우리를 불쌍히

이건용

5-1. 주여 우리에게

브라질

5-2. 키리에송

이호열

6. 난 주님을 알지

흑인 영가

2. 난 주님을 따르리 주님을 따르리 주님이 가신 길을 따르리
난 주님을 따르리 주님을 따르리 주님이 가신 길을 따르리
온 세상 사람에게 복음 전하며 주님의 가신 길을 따르리
주 예수님이 다시 오실 때까지 주님의 가신 길을 따르리

7. 평화를 이루도록

이스라엘 민요

8. 주여 주소서 평화

프랑스
1
주 여 주소서 평 화 평 화
도 나 노 – 비스 파 쳄 파 쳄
주 여 주 소 서 평 화
도 나 노 – 비스 파 쳄
2
참 된 평 화 주 소 서
도 나 노 – 비스 파 쳄
우 리 에 게 참 평 화
도 나 노 비스 파 – 쳄
3
주 여 주 시옵 소 서
도 나 노 비 스 파 쳄
평 화 평 화 참 평 화
도 나 노 비스 파 쳄

9. 내 이름으로 두셋 모여도

가사: Bayiga Bayiga Cameroon [개] 김문환 마태 18:20
곡조: Bayiga Bayiga Cameroon Melody

10. 다 나와서 노래하자

히브리

1. 다 나와서 노 래하자 즐 거 이노 래를 부 르 자

주 님 앞 에 모 두 나 와 소 리 높 여 노 래 해

성 도 들 아 모 두 나 와 손 뼉 치 며 노 래 해

2. 전능하신 주 하나님 처음이요 나중되신 주
어디든지 계신 주님 이 자리에 계시네
어디든지 계신 주님 나와 함께 계시네

3. 우리들을 사랑하는 하나님 아버지 찬양해
우리들을 구원하신 성자 예수 찬양해
우리들을 지키시는 성령님을 찬양해

4. 거룩하신 삼위일체 영광을 받으시옵소서
맘과 뜻과 정성 다해 주께 예배하오니
우리들의 이 예배를 받아주시옵소서

가사: Kommmt Herbei, singt Dem herrn Anonymous 시편 95:1-2

곡조: Kommmt Herbei 히브리 노래 [편] 나운영, 1991

11-1. 주 곁을 떠나기 전

11-2. 안녕 친구여

(3부 돌림노래)

12. 하나님을 진심으로 부르는 자는

2. 예수님을 구—주—라 부—르는—자는—
좋은 일이 있으리라 많이 있으리—라—
3. 성령님의 인—도—를 구—하는—자는—
좋은 일이 있으리라 많이 있으리—라—

13-1. 오소서

이건용

13-2. 주님 찬양하여라

카메룬

14-1. 기도송

이호열

14-2. 주 뜻대로

인도

14-3. 우리의 기도를

떼제공동체

15. 너그러이 받으소서

그레고리오 성가

2. 성자께서 바친–제물 우리도
   함께 바치며 사랑의 완전한–제
   사 찬미와 흠숭드립니다
3. 사도의 한 말씀–으로 밀떡과
   술의 형상은 주님의 몸과 피–되
   어 우리의 양식 되시도다

16. 영광의 왕 오시니

이스라엘 민요

2. 갈릴리 마을들과 많은 도시들
병든 자 상한 자를 고쳐 주신다

3. 생명을 주시려고 기도하시네
이 세상 큰 죄악을 대속하시네

4. 죽음과 죄의 그늘 이기시었네
이 땅에 주의 나라 이뤄 주시네

17-1. 평화 내려 주옵소서

스코틀랜드

17-2. 하늘에 빛나는 찬란한 별아

나운영

2. 아기 왕 누신 곳 이슬에 젖고
 짐승과 한가지 누우셨다
 천사들 공손히 주 경배하니
 임금과 구주와 창조주라
3. 우리가 어떻게 정성 드릴까
 마음의 제물을 바치리까
 저 산의 유향과 바다의 진주
 황금과 몰약을 바치리까

18-1. 내 영혼이 내 영혼이

(돌림노래)

프랑스

18-2. 임하소서 창조의 성령

떼제

18-3. 알렐루야

이호열

19-1. 얼마나 오래

19-2. 이 시간 주께

20. 저 푸른 언덕

2. 꺼져 가는 등불을 보호하시고 길
잃어 헤매일 때에 밝혀 주시네
3. 두드리는 마음에 열어 주시고 서
러워 우는 마음에 기쁨 주시네

저자: 이호열

— 서울 출생

— 군목입대 후 26년간 사역 중(현 육군 대령)

— 한신대 신학대학원(실천신학석사)

— 미 풀러신학대학원 목회학박사과정

— 현재 육군교육사령부 자운교회 담임

— 한국군종목사단장

기독교 핵심교리를 영성훈련과 함께

패러다임 성경공부 값 10,000원

2012년 10월 30일 1판 1쇄

저　　자　이 호 열
발 행 인　임 삼 규
발 행 처　**지 문 당**
주　　소　413-756 경기도 파주시 광인사길 85(본사)
　　　　　110-360 서울시 종로구 돈화문로 82(서울사무소)
등　　록　1997. 12. 30. 제406-2003-000038호
영 업 부　(02)743-3192~3　팩스(02)742-4657
전자우편　sale@jimoon.co.kr
편 집 부　(02)743-3096　팩스(02)743-0227
전자우편　edit@jimoon.co.kr
홈페이지　www.jimoon.co.kr

ISBN 978-89-6297-148-4

이 도서의 국립중앙도서관 출판시도서목록(CIP)은 e-CIP홈페이지(http://www.nl.go.kr/ecip)와 국가자료공동목록시스템(http://www.nl.go.kr/kolisnet)에서 이용하실 수 있습니다.
(CIP제어번호: CIP2012004843)